Impressum
© 2012 GABAL Verlag GmbH, Offenbach
Alle Rechte vorbehalten. Vervielfältigung,
auch auszugsweise, nur mit schriftlicher
Genehmigung des Verlages.
www.gabal-verlag.de

Konzept und Gestaltung
artcore kommunikationsdesign
Stefan Melzer
Schießstattstraße 24
80339 München
www.artcore-kd.de

Umschlagfoto
Anja Wechsler

Druck und Bindung
Salzland Druck, Staßfurt
ISBN 978-3-86936-383-7

HERMANN SCHERER
SPEAKER
BUSINESS EXPERT

Ihr direkter Kontakt bei Hermann Scherer:
Yvonn Rebling
Business Management
y.rebling@hermannscherer.com
www.hermannscherer.com

Hermann Scherer Deutschland
Zeppelinstraße 3
D-85399 Hallbergmoos
Telefon +49 (0) 81 61.78 738 0
Telefax +49 (0) 81 61.78 738 24
E-Mail: info@hermannscherer.de
Web: www.hermannscherer.de

Hermann Scherer Österreich
E-Mail: info@hermannscherer.at
Web: www.hermannscherer.at

Hermann Scherer USA
Telefon: +1 (0) 212.518 44 76
E-Mail: info@scherer.us
Web: www.scherer.us

Hermann Scherer Schweiz
Im Bungert 5
CH – 8704 Herrliberg
E-Mail: info@hermannscherer.ch
Web: www.hermannscherer.ch

Er zählt zu den Besten seines Faches.
Seine Vorträge und Seminare sind gefragt –
bei Marktführern und solchen, die es werden wollen.
Süddeutsche Zeitung

02	HERMANN SCHERER KONTAKT
06	HERMANN SCHERER DER REDNER
12	HERMANN SCHERER IN ZAHLEN
18	VORTRÄGE JENSEITS VON MITTELMASS
24	WARUM MACHEN SIE DAS?
32	WIRKUNGSVOLLE WORTE
42	HERMANN SCHERER STATIONEN
52	RHETORISCHES FEUERWERK DREI REDNER IN EINEM
58	CHANCENBLICK
62	GANZ AUSGEZEICHNET
70	LEHRAUFTRÄGE
76	ÜBER 3.000 KUNDEN REFERENZEN
92	ROADSHOW

100	ZUFRIEDENHEITSGARANTIE
108	BÜCHER UND HÖRBÜCHER
124	LESEPROBE GLÜCKSKINDER
141	LESEPROBE JENSEITS VOM MITTELMASS
152	JENSEITS VOM MITTELMASS DIE BOX
155	LESEPROBE DAS ÜBERZEUGENDE ANGEBOT
160	LESEPROBE WIE MAN BILL CLINTON NACH DEUTSCHLAND HOLT
167	LESEPROBE SIE BEKOMMEN NICHT, WAS SIE VERDIENEN, …
172	LESEPROBE 30 MINUTEN FÜR EINE GEZIELTE FRAGETECHNIK
178	PRESSEBERICHTE
226	MILES & MORE
227	CLUB OF ROME

HERMANN SCHERER
SPEAKER + BUSINESS EXPERT

HERMANN SCHERER DER REDNER

„ „ Der beste Vortrag für mich seit Mitte der Neunziger, ohne die sicherlich vorhandene Qualität der Kollegen/-innen in der Branche schmälern zu wollen. Effizienter kann ein Verlag, wie in unserem Fall, sein in Fortbildung und Know-How investiertes Kapital nicht anlegen. Ganz großes Kino! „ „

DANIEL SCHWARZ

Anzeigenleitung, Zeitungsverlag Kornwestheim GmbH & Co. KG

HERMANN SCHERER
DER REDNER

MEHRFACH DEN MARKTFÜHRER HERAUSGEFORDERT

Hermann Scherer, MBA, studierte Betriebswirtschaft mit den Schwerpunkten Marketing und Verkaufsförderung in Koblenz, Berlin und St. Gallen. Nach dem Studium baute er mehrere eigene Unternehmen auf, etablierte diese in der Branche, eroberte große Marktanteile von den Wettbewerbern und wurde vom Herausforderer der Branchengrößen zum Marktführer. Ein Unternehmen platzierte er nach kurzer Zeit unter den TOP 100 des deutschen Handels. Parallel dazu wurde er internationaler Unternehmensberater, Trainerausbilder und Manager of Instruction der weltweit größten Trainings- und Beratungsorganisation. Dort erhielt er den Platinum Award für höchste Qualität und höchsten Umsatz. In den weltweiten Rankings von über 10.000 Verkäufern erreichte er regelmäßig Plätze unter den TOP 10.

UNTERNEHMEN ERFOLG

Im Jahr 2000 positionierte Hermann Scherer »Unternehmen Erfolg« mit dem einzigartigen Konzept »Von den Besten profitieren« und wurde schnell zum Marktführer. Dieser Erfolg führte zu gemeinsamen Veranstaltungsreihen mit der Süddeutschen Zeitung, der Verlagsgruppe Handelsblatt, der Frankfurter Rundschau, der Stuttgarter Zeitung, dem Donaukurier, der Sächsischen Zeitung, der Verlagsgruppe Rhein Main, der Saarbrücker Zeitung, den Nürnberger Nachrichten, der Freien Presse, dem Trierischen Volksfreund, dem Standard in Wien, dem Handelsblatt, dem FOCUS und weiteren 30 Verlagen.

MARKTFÜHRER

Die Zusammenarbeit mit weit über 3.000 Marktführern (und solchen, die es werden wollen), nahezu allen DAX-Unternehmen, mittelständischen »Hidden Champions« und namhaften internationalen Unternehmen aus ganz Mitteleuropa haben ihm den Ruf des konsequent praxisorientierten Businessexperten eingebracht. Davon profitierten bisher beispielsweise Audi AG, BHW AG, Deutsche Post AG, Deutsche Telekom AG, DHL, EDEKA, FOCUS Magazin, Hilton International Hotels, La Biosthétique, LfA Förderbank Bayern, LTU Touristik, Lufthansa AG, McKinsey, Microsoft AG und Siemens AG. Als Begehrlichkeitsmacher entschlüsselte er den Mythos Markterfolg.

BILL CLINTON ZU BESUCH

Das Konzept »Von den Besten profitieren« wurde übertroffen durch das »Zukunftsforum« mit dem 42. Präsidenten der USA, William Jefferson (Bill) Clinton. Eine spektakuläre Veranstaltung mit über 5.000 Teilnehmern, bei der unter anderem die Gebrüder Klitschko und die Popband »No Angels« mitwirkten.

AUSGEZEICHNETE QUALITÄT

Er ist Mitglied im Q-Pool 100, der offiziellen Qualitätsgemeinschaft internationaler Wirtschaftstrainer und -berater und wurde vom Deutschen Chapter der elitären amerikanischen National Speakers Association als »Professional Member« anerkannt. Die zahlreichen Auszeichnungen und positiven Pressestimmen weisen Hermann Scherer als Top-Experten seines Fachs aus. Unter anderem wurde er mehrfach als TOP 100 Excellent Speaker, mehrfach als TOP 10 Referent mit dem Conga Award und mit dem Excellence Award ausgezeichnet. Das Nachrichtenmagazin FOCUS zählt ihn zu den »Erfolgsmachern« und die Süddeutsche Zeitung schreibt: »Er zählt zu den Besten seines Faches«.

LEHRAUFTRÄGE

Hermann Scherer übernahm als Dozent rund ein Dutzend Lehraufträge an verschiedenen europäischen Universitäten, beispielsweise an der Friedrich-Schiller-Universität in Jena, der ZfU-International Business School in Thalwil, CH und dem Hasso-Plattner-Institut in Potsdam. Unter anderem hielt er Vorlesungen für Vertriebsmanagement und Verhandlungstechniken im Executive MBA in Intrepreneurial Management der Steinbeis-Hochschule Berlin in Zusammenarbeit mit der DePaul University in Chicago und der Kelly School of Business, Indiana University. Als Wissenschaftler beschäftigte er sich unter anderem mit der moralischen Wirksamkeit von Unternehmensleitlinien. Zudem hielt er Vorlesungen für Marketing im St. Galler Management Seminar der Steinbeis-Hochschule Berlin mit der Universität St. Gallen.

HERMANN SCHERER
DER REDNER

MITREISSENDE LERNERLEBNISSE

Mit seinem charmant-dynamischen Vortragsstil, seiner mitreißenden Rhetorik und eindrucksvollen Beispielen versteht es Hermann Scherer, selbst komplizierte Prinzipien und Zusammenhänge einfach darzustellen und allgemein verständlich zu machen. Mit dieser Fähigkeit schafft er es, auf informative, unterhaltsame und einzigartige Weise praxisbezogene Inhalte mit motivierenden Elementen zu verknüpfen. Seine Vorträge polarisieren, stellen den »Ist-Zustand« infrage, animieren zum zielgerichteten Querdenken, provozieren und reflektieren. So wird für das Auditorium ein Lernerlebnis mit vielen Aha-Effekten und 100 % Aufmerksamkeit erreicht.

ZU PAPIER GEBRACHT

Hermann Scherer ist Autor und Herausgeber von mehr als 30 Büchern, die außer im deutschsprachigen Raum auch in Brasilien, China, Estland, Japan, Korea, Niederlande, Polen, Russland, Spanien, Taiwan, Thailand und Tschechien gelesen werden. Seine Bücher wurden mehrfach, beispielsweise von der Gesellschaft für Pädagogik und Informationen e. V., mit dem Comenius-Siegel für exemplarische Bildungsmedien ausgezeichnet. Viele Bücher erreichten auf Anhieb die TOP-10 Bestsellerlisten von Wirtschaftswoche, Manager Magazin und der Financial Times Deutschland. Das Buch »Jenseits vom Mittelmaß« wurde von managementbuch.de, der Nr.1-Buchhandlung für Wirtschaft und Management, zum Testsieger Unternehmensführung 2009 gewählt und das Hamburger Abendblatt setzte das Buch auf Platz 1 der Top-Ten-Liste des Jahres 2009. Das Buch »Glückskinder« platziert sich gleich nach Erscheinen bei Amazon auf Platz 1! Nicht nur auf Platz 1 in den Kategorien Erfolg, Job und Karriere, Business und Karriere, etc. – sondern auf Platz 1 aller Bücher überhaupt! Die erste Auflage war bereits vor dem offiziellen Erscheinungstermin ausverkauft. Das Buch zählt laut Hamburger Abendblatt zu den 10 wichtigsten Karrierebüchern 2011 und erschien auf diversen Bestsellerlisten, unter anderem auf der des Magazins »Stern«.

VORTRAGSERLEBNISSE

Heute lebt er in Zürich und vermittelt sein Wissen als motivierender Redner bei Mitarbeiter- und Kundenveranstaltungen, Kick-offs, Kongressen, Events und Tagungen. Die Themen »persönlicher Erfolg«, »Unternehmenserfolg« und »Chancenintelligenz« stehen im Zentrum seiner Vorträge.

HERMANN SCHERER
SPEAKER + BUSINESS EXPERT

HERMANN SCHERER IN ZAHLEN

❞❞ Zweimal schon hatten mein Mitarbeiter und ich die Möglichkeit und das Vergnügen einen Ihrer Vorträge zu erleben. Es sind für uns unbestritten die besten Präsentationen, die wir bisher besucht haben. Ein Dankeschön für Hinweise von Ihnen, die wir auch umgesetzt haben – mit angenehmen Erfolg. ❞❞
JÖRG CERWINKA
Finanzdienstleitungen Oberlausitz

HERMANN
SCHERER
IN ZAHLEN

Die Betriebszahlen, wirtschaftliche Daten eines Unternehmens oder auch Jahreszahlen sind immer aussagekräftig für den Erfolg einer Firma. Gerne zeigt man die Zahlen, Anzahl der Mitarbeiter, Anzahl der Standorte, Produktanzahl oder gar die Größe des Fuhrparks.

Würde man für diese Parameter die Zahlen für Hermann Scherer nennen, stünde überall »nur eine 1«.

1 Mann mit
1 Standort mit
1 genialen Produkt,
1 Firmenwagen,
1 Anliegen und
1 Botschaft
schreibt diese Zahlen pro Jahr:

1992

Die Größe von Hermann Scherer

49
Schuhgröße

144
nationale Flüge

884
Anfragen

58.000
Kilometer quer durch Deutschland

1.697
Berichte in den Medien in Summe bis heute

31
bereiste Länder bis heute

Vorlesungen an Hochschulen und Universitäten bis heute

HERMANN SCHERER IN ZAHLEN

46 Veranstaltungen / Buchungen

1.420.000 Suchergebnisse / Einträge bei Google

5.000 Zuschauer / Zuhörer

10.873 Kontakte bei facebook und Xing in Summe

47.600 Newsletter-Leser

42 veröffentlichte Bücher in 18 Ländern bis heute in Summe

1.000 Flugmeilen

35 Seminare & Coachings

217 Kunden in Summe bis heute

281.000 verkaufte Bücher bis heute

> Das Buch ist so wunderbar informativ und
> unterhaltsam und man muss kein Wissenschaftler sein,
> um die Informationen abzugreifen – genial!
> Bhawani Moennsad, Opernsängerin

> Dass wir letzten Donnerstag bei Ihnen sein durften war
> grandios. Ihr Tempo und Ihr Know-how ist einfach
> atemberaubend. Sie haben in 10 Minuten mehr Ideen
> als ein Beamter in seinem ganzen Leben.
> Prof. Dr. Jörg Knoblauch

> Sie sind ja wirklich ein Tausendsassa! Wenn man das so liest,
> was Sie alles tun, dann sind Sie wirklich Jenseits vom Mittelmaß
> und vermitteln dies auch sehr überdurchschnittlich gut.
> Dr. Reto Neeser, Zahnarzt

> Ihr Vortrag heute Abend in Frankfurt
> hat meinen Kampfgeist weiter erweckt!
> Für Ihren Kick und ihre Hilfe bedanke ich mich.
> Sie haben in mir eine ›aktive Vollreferenz‹.
> Norbert Wagner, Geschäftsführer TenCate

> War gestern auf dem Vorarlberger
> Wirtschaftsforum in Bregenz. Sie waren nach
> Überzeugung sämtlicher Teilnehmer – der Beste Redner!
> Mag. (FH) Thomas Märk, Coolmärk Kältetechnik

> Als ich auf der Agenda die Länge
> Ihres Vortrages sah, dachte ich nur: Wie soll ich
> das durchhalten? Anschließend wünschte ich mir,
> Sie hätten den gesamten Tag vorgetragen.
> Sevgi Kirik, E-Plus

HERMANN SCHERER
SPEAKER + BUSINESS EXPERT

VORTRÄGE JENSEITS VOM MITTELMASS

❞❞ Als Co-Geschäftsführer einer Werbeagentur und Lehrvortragender an einigen Hochschulen, möchte ich Ihnen zum gestrigen Vortrag gratulieren. Ihre Kombination von Inhalten mit eindrucksvollen Beispielen und einem perfekt inszeniertem Vortrag war beeindruckend. ❞❞

RONALD HINTEREGGER
Österreich

VORTRÄGE
JENSEITS
VOM
MITTELMASS

· Events
· Führungskräftetagungen
· Keynote-Vorträge
· Kick-off-Veranstaltungen
· Kongresse
· Kundenveranstaltungen
· Mitarbeiterveranstaltungen
· Verbandstreffen
· Vertriebsmeetings
· Dinner-Speeches
· Begehrlichkeitsberatungen

Für jeden Teilnehmer bieten die Vorträge von Hermann Scherer wertvolle, umsetzbare Impulse, Inspiration, Information und Motivation. Wie immer präsentiert er diese in humorvoller und unterhaltsamer Weise, dynamisch und voller Esprit. Speziell zugeschnitten auf Ihre Veranstaltung, Ihre Wünsche und Ihre Zielgruppe garantieren sie Begeisterung und Nachhaltigkeit. Organisieren Sie mit Hermann Scherer als Blickrichtungsveränderer, Mutmacher, Gewohnheitsgrenzenüberschreiter und Bewusstmacher einen unvergesslichen Höhepunkt Ihrer Events, Kick-offs, Kongresse, Kunden- oder Mitarbeiterveranstaltungen.

JENSEITS VOM MITTELMASS
SPIELREGELN FÜR DIE POLE-POSITION IN DEN MÄRKTEN VON MORGEN

In der Zukunft reicht Qualität allein nicht aus, um im Verdrängungswettbewerb den Unternehmenserfolg zu sichern. Wer nicht auffällt, fällt weg. Qualität findet im Kundenkopf statt. Was nützt es, gut zu sein, wenn niemand es weiß? Was nützt es besser zu sein, wenn andere sich besser verkaufen? Es gibt zwei Möglichkeiten: differenzieren oder verlieren! Nur mit der richtigen Positionierung und einem unwiderstehlichen Angebot lassen sich Aufmerksamkeit, Begehrlichkeit und Bekanntheitsgrad gewinnen. Denn nur Mutmacher sind Marktmacher. Mutiges Management für die Märkte von morgen!

In seinem Vortrag zeigt Hermann Scherer die Geheimnisse der unternehmerischen Zukunft und die Spielregeln für die Pole-Position in den Märkten von Morgen und gibt jedem Teilnehmer wertvolle, umsetzbare Impulse, Inspiration, Information und Motivation.

CHANCENBLICK/ GLÜCKSKINDER
WAS HABEN DIE ANDEREN, WAS ICH NICHT HABE?

Die Anzahl der Chancen, die jeder im Leben hat, sind prinzipiell unendlich. Manche Menschen aber haben es irgendwie besser raus als die anderen, ihre Chancen zu erkennen und zu nutzen: Sie durchschauen Situationen und erkennen jederzeit sofort, was sie als nächstes tun müssen, um die Gelegenheit zu nutzen, die andere noch gar nicht erkannt haben. Wie machen die das nur?

Während diese Glückskinder immer oben schwimmen, regiert bei den meisten Menschen der Zweckoptimismus: Es ist gut so wie es ist, weil es eben nicht besser gekommen ist. Viele sind mit ihren Lebensresultaten zwar nicht wirklich zufrieden, aber sie finden sich mit dem Glauben ab, dass es für sie keine besseren Chancen gegeben habe.
Oder sie fragen sich mit einem Gefühl der Unterlegenheit insgeheim: Was haben die anderen, was ich nicht habe? Warum kriege ich nicht hin, was die anderen scheinbar mühelos schaffen?

Chancenintelligenz bedeutet, den Blick für Chancen zu haben, sie zu erkennen und zu nutzen – und: sich Chancen aktiv zu erarbeiten. Dabei ist nicht jede »günstige Gelegenheit« eine echte Chance – viele stellen sich im Nachhinein als »Sonderangebote des Lebens« heraus, die ihre gutgläubigen »Käufer« einfach nur vom Weg abbringen. Aber wie bloß unterscheidet man diese Scheinchancen von den echten Chancen? In immer enger werdenden und immer dichter besetzten Märkten ist Chancenintelligenz aus mehrfacher Sicht wichtig: Ein hoher »CQ« befähigt privat und beruflich sich immer neue Ideen einfallen zu lassen, sich neue Vorgehensweisen anzueignen, sich neuen Problemen zu stellen und sie zu lösen, neue Kunden zu gewinnen und neue Märkte zu erobern.

Hermann Scherer zeigt, wie man chancenintelligent wird. Das Vortragserlebnis reflektiert, denkt quer sowie voraus, polarisiert, stellt in Frage, provoziert, öffnet Augen und beantwortet die Frage: »Warum suchen manche lebenslang Chancen, während andere sie täglich nutzen?« – Ein Plädoyer für ein Leben vor dem Tod.

HERMANN SCHERER
SPEAKER + BUSINESS EXPERT

WARUM MACHEN SIE DAS?

❝ Ihr Vortrag bei der IHK hat mir von seiner motivierenden Lebendigkeit her sehr gut gefallen. Ich habe so manche Anregung mitgenommen, so dass sich die Teilnahme gelohnt hat. Ihre Vortragstechnik hat mich zusätzlich im Hinblick auf die meinige bestätigt. ❞

DR. ING. KLAUS-RAINER MÜLLER

Fachbuchautor & Managementberater, ACG Automation Consulting Group GmbH

WARUM MACHEN SIE DAS?

Hermann Scherer im Interview zu seinem neuen Buch »Glückskinder«

PROBLEME SIND
CHANCEN IN VERKLEIDUNG

Herr Scherer, Sie haben über zwanzig Bücher geschrieben, aber »Glückskinder« ist anders als alle anderen zuvor. Täuscht der Eindruck?

Nein, Ihr Eindruck täuscht nicht. Dies ist mein bislang persönlichstes Buch. Was mich auch einigen Mut gekostet hat. Nach so vielen Business-Ratgebern wollte ich etwas grundlegend Neues machen. Heraus kam mein erstes reinrassiges Sachbuch. Ich habe noch nie für eine so breite Zielgruppe geschrieben. Mal schauen, was passiert. Viele Menschen werden mich neu kennen lernen, wenn sie dieses Buch gelesen haben.

In Ihrem Buch geht es um »Glückskinder«, denen scheinbar alles gelingt. Wie wird man ein »Glückskind«, außer dass man schlicht Glück hat?

Das Glück, das ich meine, hat nichts mit dem Zufall zu tun. Gemeint ist vielmehr der Zustand des glücklich seins. Neuerdings sagt man auch Erfüllung dazu. Ich beschreibe im Buch, wie sich jeder dieses Glück erarbeiten kann. Allerdings: Planen lässt sich im Leben nichts. Planung ersetzt lediglich Zufall durch Irrtum, denn im Leben kommt es oft anders als man dachte. Ich glaube vielmehr daran, dass glücklich werden kann, wer seine Chancen im Leben erkennt und nutzt und genau darum geht es, der Chancenintelligenz.

Sie sprechen von »Chancenintelligenz« und dem »Chancenblick« – so heißt neuerdings auch Ihr Newsletter. Folgt man Ihnen, so haben die einen den Chancenblick, während die anderen auf diesem Auge blind sind. Ist die Welt wirklich so schwarz-weiß?

Nein, die Welt ist bunt. Zwischen chancenintelligent und chancenblind gibt es alle Schattierungen. Mir geht es darum, die beiden Pole der Skala sehr deutlich zu zeichnen, damit der Leser erkennt, dass die meisten von uns zu wenig wagen. Wir verschließen die Augen vor den Möglichkeiten, die sich uns bieten und machen weiter wie bisher oder so, wie »man« es halt macht. Wir verbringen so viel zu viel Zeit im Wartesaal des Lebens und leben eigentlich gar nicht das Leben, das wir wollen. In der letzten Stunde ärgern wir uns dann nicht über das Misslungene, sondern über das nicht Gewagte.

Wie viele Chancen bekommen wir denn im Leben?

Unendlich viele. Aber die meisten erkennen wir nicht. Wir sehen die Bäume vor lauter Wald nicht. Und manche stellen sich bei näherem Hinsehen als Ablenkungsmanöver heraus, die uns nicht weiter voran, sondern vom Weg abbringen, ich nenne sie die »Sonderangebote des Lebens«. Ich versuche, prinzipiell nein zu ihnen zu sagen, denn die Sonderangebote des Lebens sind zu billig.

Was machen die Chancenblinden falsch?

Die meisten Menschen können nicht wirklich rechnen. Sie schätzen Sachverhalte, die sich leicht mit Grundschulmathematik ausrechnen ließen, völlig falsch ein. Manchmal ist ein Strafzettel billiger als ein Parkticket und manchmal ist es ein gutes Geschäft, alle Lose einer Tombola zu kaufen, um den so gesicherten Gewinn dann zu verkaufen. Prozentrechnen und mathematische Verhältnisse einschätzen sind weitere schwarze Löcher im Alltag der Menschen, die ihre Chancen vernebeln. Die meisten Menschen haben

WARUM
MACHEN
SIE DAS?

auch kein Gefühl für Zeit. Sie überschätzen, was sie in einem Tag, einer Woche oder einem Jahr erreichen können, unterschätzen aber andererseits kolossal, was sie in zehn oder zwanzig Jahren schaffen können. Und die meisten Menschen können Kosten nicht von Investitionen unterscheiden. Das führt zu Sparen an der falschen Stelle. All das kann man lernen und üben.

Dann ist es also so, dass wir nur zu wenig nachdenken?

Nein, denn länger nachdenken führt meistens nicht zu besseren Ergebnissen, sondern nur zu späteren Ergebnissen. Perfektion ist eine gelernte Illusion, in Wahrheit liefern die Perfektionisten häufig miserable Ergebnisse, denn sie brauchen für alles viel zu lang, und Leistung ist nun mal Ergebnis pro Zeit. Als Chef verlange ich deshalb von meinen Mitarbeitern schlechte Ergebnisse innerhalb kürzester Zeit. Auf diese Weise zwinge ich sie zu dem, was ihnen am schwersten fällt: Anfangen. Im Verbessern sind wir ohnehin Weltmeister. Unsere Verbesserungskompetenz ist oft genial, unsere Erschaffenskompetenz dagegen grottenschlecht.

Es klingt so, als eroberten die Glückskinder mühelos die Welt. Aber was tut ein Glückskind, wenn es mal auf Probleme stößt?

Dann freut es sich. Denn Probleme sind Chancen in Verkleidung. Je größer das Problem, desto größer die Chance, die dahinter steckt. Wer Menschen wachsen sehen will, erspart ihnen die Probleme nicht. Das wissen gute Chefs und Mentoren. Wer auf dem Weg zum Ziel auf Probleme stößt, sollte seine Strategie ändern. Das zwingt ihn zu neuen Wegen, und an dem Neuen wächst er, unbekanntes Terrain macht erwachsen. Das Ziel aber sollte er dabei unbeirrt festhalten. Das Misserfolgsmuster, das die meisten von uns gelernt haben, ist aber, bei Problemen die Ansprüche zu senken, und dafür die ineffektive Strategie weiter beizubehalten. Das macht die Menschen zufrieden, aber erfolglos.

Es kann aber doch nicht jeder erfolgreich sein. Wenn alle so leben würden, wie Sie es vorschlagen, wenn jeder nur noch seine eigene Agenda verfolgt, dann würde doch keiner mehr die Arbeit tun, die nun mal auch getan werden muss. Mit anderen Worten: Es kann nicht nur Häuptlinge geben, wir brauchen auch Indianer. Ist Ihre Haltung nicht ein wenig egoistisch?

Es kann nur der sozial sein, der zuvor auch egoistisch war, denn nur wer etwas hat, kann etwas geben. Es kommt allerdings darauf an, beim Verfolgen des eigenen Wegs niemandem zu schaden. Wer will heute schon noch auf Kosten anderer leben? Die Abzocker- und Ellbogenmentalität ist heute keine Option mehr. Sie funktioniert auch nicht mehr, jedenfalls nicht nachhaltig. Aber Sie haben Recht, es sind regelmäßig die wenigsten, die in ihrem Leben den Weg einschlagen, den ihnen ihr Herz vorgibt. Die meisten leben fremdbestimmt. Wenn das nicht so wäre, dann würden viele Systeme zusammenbrechen. Unsere Gesellschaft basiert auf einem System der Selbsttäuschungen. Das Bildungssystem, speziell die Schule, ist eines. Sitzenbleiben und Schulausschluss verhindert weder den späteren Millionär noch begünstigt ihn ein guter Schulabschluss. Obwohl das alle glauben. Anderes ist wichtiger. Das sage ich, obwohl es politisch nicht korrekt ist.

Sind Sie selbst ein Glückskind?

Manchmal sieht es so aus. Aber zu anderen Zeiten habe ich die große Sorge, dass ich beim Verpassen des Lebens genauso gut bin wie alle

WARUM
MACHEN
SIE DAS?

anderen. In lichten Momenten habe ich allerdings das, was ein Kennzeichen von Glückskindern ist: Unzufriedenheit. Ich kenne kaum einen unzufriedeneren Menschen als mich. Meine Grundannahme ist: Der heutige Zustand ist der denkbar schlechteste.

Sie sind unzufrieden – also unglücklich?

Nein, das habe ich nicht gesagt. Ich halte es für einen weit verbreiteten Irrtum, dass Glück von Zufriedenheit kommen soll oder gar beides gleich gesetzt wird. Der Hauptgegner der Chance ist die Zufriedenheit. Sie verführt uns dazu, skeptisch gegenüber Neuem zu sein und zweckoptimistisch für den Erhalt des Status quo zu argumentieren. Das ist das Gegenteil von Offenheit und Freiheit. Wir halten fest an dem was wir haben. Glück erlangt aber nur der, der sich von lähmendem Ballast befreit.

Sie plädieren für ein umfangreiches Loslassen. Zuerst das Loslassen von Dingen, dann von Vorhaben, die wir sowieso nicht umsetzen und zuletzt das Loslassen von Menschen. Ganz schön hart. Muss das sein? Leben Sie wirklich so spartanisch, wie Sie schreiben?

Ich lebe überhaupt nicht spartanisch. Jedenfalls geht es mir nicht um Verzicht oder Askese. Ich lebe gut und spare nicht daran, mir ein schönes Leben zu gönnen. Ich fahre schöne Autos, fliege erster Klasse, war schon gefühlte 75 Mal in meiner Lieblingsstadt New York und übernachte nicht in billigen Absteigen. Das bin ich mir schon wert. Aber ich habe tatsächlich so gut wie keine Dinge. Das glaubt mir kaum jemand, aber es ist wahr. Ich habe auch grundsätzlich nur ein paar ToDos im Kopf und erledige grundsätzlich immer alles sofort. Das mit dem Loslassen von Menschen ist für mich zwar eine schmerzhafte Angelegenheit, aber ich übe mich darin wenn es notwendig ist.

Warum ist das Loslassen notwendig?

Weil uns all die Dinge, Vorhaben und Menschen davon abhalten, das zu tun, was wir von Herzen gerne wollen. Jeder Tag, der vorbei ist, ist unwiederbringlich verloren. Wir haben kein Second Life, wir können nicht in den nächsten Level gehen, wenn unser First Life vorbei ist. Wir sterben jeden Abend einen kleinen Tod. Wenn ich da nicht jede Minute nutze um meinen Visionen kleine Schritte näher zu kommen, werfe ich mein Leben täglich weg. Also muss ich bisweilen konsequent sein, auch wenn es weh tut.

Sie erzählen im Buch viele Anekdoten aus Ihrem eigenen Leben. Wollen Sie ein Vorbild sein?

Es geht gar nicht darum, ob ich Vorbild sein will oder nicht. Ich musste mich im Zuge der Arbeit an diesem Buch damit auseinandersetzen, dass ich ein Stück weit und in ganz bestimmten Bereichen für einige Menschen schlicht Vorbild bin. Nach über 2.000 Seminaren und über 2.000 Vorträgen und meiner besonderen Art zu leben, die ich in dem Buch beschreibe, ist das wohl kein Wunder. Das musste ich lernen anzuerkennen, sonst hätte ich dieses Buch nicht schreiben können. Das bringt aber auch ein großes Maß an Verantwortung mit sich: Ich bin gezwungen ehrlich und authentisch zu sein, darf niemandem etwas vormachen. In diesem Sinne ist dieses Buch schonungslos ehrlich. Den Menschen sollen meine persönlichen Meinungen und Geschichten Inspiration und Ansporn sein. Das würde mich glücklich machen. Wenn auch kein Deut zufriedener.

WARUM
MACHEN
SIE DAS?

HERMANN SCHERER
SPEAKER + BUSINESS EXPERT

WIRKUNGS VOLLE WORTE

💬 Ein großes Kompliment (auch zum Buch) für den erlebnisreichen Vortrag in Bielefeld. Wirklich sehr erfrischend. Und gänzlich ohne Selbstdarstellung, Phrasen, etc. Der Abend gab meinen Kollegen und mir jedoch viele – wenn nicht sogar erstmals – wirklich echte Impulse und Sichtweisen. Sowie den Mut und die Bestätigung, seinen eigenen Visionen wieder kompromisslos nachzugehen... und eben nicht immer nur zu schauen, wie es die anderen machen und welchen Regeln, Werte und Normen sie folgen. Kurzum: mit die best investierten 2-3 Stunden der letzten Jahre! Vielen herzlichen Dank dafür, Herr Scherer! 💬

MARKUS PILGRIM
Gesundheitsstudio

WIRKUNGS
VOLLE
WORTE

»Von einem Beziehungskonto kann nur
derjenige abheben, der auch einzahlt.«

WER NICHT AUFFÄLLT, FÄLLT WEG!

»Verdammtes Mittelmaß!
Dort, wo alle sind, ist wenig zu holen.«

»Erfolgreiche machen sich selbst
und nicht andere zum Maßstab!«

WAS NÜTZT ES GUT ZU SEIN, WENN KEINER ES WEISS?

»Erfolg ist nicht durch das Mit-,
sondern ausschließlich durch das
Voranmarschieren realisierbar.«

»Wir haben nicht die Fähigkeit,
die Möglichkeiten zu sehen ohne uns
eine Meinung darüber zu bilden.«

BRECHEN SIE DIE REGELN – VOR ALLEM DIE, DIE ANDERE AUFGESTELLT HABEN!

»Sie bekommen nicht das, was Sie
verdienen, sondern das, was Sie verhandeln.
Argumente schlagen Rabatte.«

»Erst Fachkenntnisse gepaart mit
Soft Skills führen zur Spitzenleistung!«

»Leistung wird erst dann zum Wert,
wenn sie verkauft ist.«

SEIEN SIE QUERDENKER, GEPAART MIT MUT UND LEIDENSCHAFT!

»Im Versuch das Unmögliche zu wagen
ist das Mögliche oft erst entstanden.«

VON DEN BESTEN PROFITIEREN

»Es bleiben lediglich zwei Möglichkeiten:
differenzieren oder verlieren!«

»Chancen gehen nie verloren.
Sie werden bloß von anderen genutzt!«

DIE EXTRA-MEILE VON HEUTE IST DER STANDARD VON MORGEN

»Immer mehr Produkte werden
nicht verkauft, sondern gekauft.«

»Führungskräfte benötigen die Fähigkeit
sich eine bessere Welt vorstellen zu können.«

»Wir halten an den Dingen fest, weil wir
an unserem Leben festhalten wollen.«

WIRKUNGS
VOLLE
WORTE

BEKANNTHEITSGRAD HEBT
NUTZENVERMUTUNG

»Viele Chancen sehen wir gar nicht. Und die, die wir sehen, lassen wir häufig ungenutzt.«

»Qualität ist nicht absolut definiert, sondern sie findet im Kopf des Gegenübers statt.«

ERST BEHAUPTEN,
DANN SEIN!

»Sieger handeln – Verlierer sprechen davon handeln zu wollen.«

»Der Wert einer Dienstleistung geht mit dem Zeitpunkt der Erbringung verloren.«

DER HEUTIGE ZUSTAND
IST DER DENKBAR SCHLECHTESTE

»Eine nicht kommunizierte Leistung ist eine nicht erbrachte Leistung.«

»Das Gefühl, Herr unserer Entscheidungen zu sein, ist eine der größten Illusionen des Menschen.«

WIR SIND MÖRDER
UNSERER PHANTASIE

»Problemerkennungskompetenz lässt Lösungskompetenz vermuten.«

»Die besten Chefs bereiten ihren Mitarbeitern Probleme.«

WENIGE HABEN DAS LEBEN GELEBT,
DAS SIE LEBEN WOLLTEN

»Wer gründlicher vorausieht hat seltener das Nachsehen.«

»Die meisten verringern die Ansprüche statt die Strategie zu ändern.«

WER LOSLÄSST
HAT ZWEI HÄNDE FREI

»Wir schauen immer auf die letzten Stunden dabei sterben wir täglich.«

»Wir wollen immer mehr wissen, als zum Handeln notwendig ist.«

WIR SIND PROBLEMBESCHREIBER
STATT PROBLEMLÖSER

»Wo kämen wir hin, wenn sich jeder fragen würde, wo man hinkäme und keiner auf die Idee käme, dorthin zu gehen, um mal nachzusehen, wo man hinkäme, wenn man dorthin ginge, wo man hinkommt, wenn man dort hin kommt.«

»Wir kaufen Dinge, die wir nicht brauchen, um Leute zu beeindrucken, die wir nicht mögen, mit Geld, das wir nicht haben.«

WIRKUNGS
VOLLE
WORTE

»Sie sind nicht allein mit Ihrem Problem und Sie allein sind nicht das Problem.«

»Das Problem ist, dass Sie glauben, keine Probleme im Leben haben zu dürfen.«

»Unser Problem ist, dass wir glauben unser Problem sei unser Problem.«

DAS GRÖSSTE PROBLEM DER DEUTSCHEN IST, KEIN PROBLEM ZU HABEN

»Wir denken doch sowieso immer, warum denken wir dann nicht groß?«

»Draufblick schafft Durchblick.«

»Die guten Entscheidungen sind die, bei denen man sich die Frage, ob die Entscheidung gut oder schlecht ist, im Moment der Entscheidung nicht gestellt hat.«

UNSER LEBEN IST WIE EIN PERFEKT INSZENIERTES ABLENKUNGSMANÖVER

»Echte Entscheidungen bedeuten immer, Sicherheit aufzugeben.«

»Argumente schlagen Rabatte.«

»Wir suchen Gründe dafür, etwas zu tun, und ebenso suchen wir Gründe dafür, nicht das zu tun, was wir tun sollten. Wer Gründe dafür oder dagegen sucht, der wird sie auch finden, wir sind intelligent genug dazu.«

LICHTERFINDER WIRD, WER DIE NACHT FÜRCHTET

»Für Glückskinder sind Realismus und Relevanz kein Kriterium.«

»Niemand wird Führungskraft durch einen Titel auf der Visitenkarte.«

»All diese Lösungen erwachsen aus einem großen, tragenden Gedanken, einer Vision, aus dem inneren Bild einer besseren Welt.«

LUFTSCHLÖSSER SIND DIE ERSTEN SCHRITTE ZUR VISION. ABER NUR DIE ERSTEN

»Wir sollten versuchen, noch viel unzufriedener zu sein!«

»Eine Vision ist einfach ein Luftschloss mit Handlungsauftrag.«

»Der Gegner des neuen Glücks scheint mir das Festhalten am Alten zu sein.«

GLÜCKSKINDER HALTEN ABSTAND ZU SICH SELBST UM SICH NÄHER ZU SEIN

»Wir müssen Luftschlösser nicht nur unter Denkmalschutz stellen. Wir müssen eigentlich unsere Kinder zu Luftschlossarchitekten ausbilden.«

»Ein Geräusch kommt erst durch das Gehörtwerden in die Welt.«

»Die Welt wird nicht immer komplexer – ich habe eher das Gefühl, sie wird immer einfacher.«

»Wer Durchbrüche erlebt, bricht mit der Sicherheit.«

DIE GESCHICHTE IST IMMER EINE GESCHICHTE DER BRÜCHE

»Außergewöhnliche Blickwinkel oder Schlupflöcher zu finden, ist im Lehrplan nicht vorgesehen.«

»Es braucht Mut, mit der eigenen Geschichte zu brechen.«

»Die Zukunft ist eben niemals die lineare Fortsetzung von Vergangenheit und Gegenwart.«

WER RECHNET, SIEHT DIE LÜCKE

»Wir hören oft auf nachzudenken, wenn wir glauben, es verstanden zu haben.«

»Wer versucht, anders zu sein als alle anderen, orientiert sich doch genauso wie all die Mitläufer am Mainstream.«

WIR GLAUBEN NICHT AN UNSERE SELBSTWIRKSAMKEIT

»Es gibt keine unrealistischen Ziele, es gibt nur unrealistische Fristen.«

ES GEHT IMMER UM LEBEN UND TOD

»Mit zu großen Zielen bin ich garantiert erfolgreich – nicht unbedingt im Vergleich mit dem Ziel, aber im Vergleich mit dem Ausgangszustand.«

»Jeder sucht die goldene Mitte, und wer sie gefunden hat, wird feststellen, dass sich dort viel zu viele tummeln.«

KANN MAN UNZUFRIEDEN GLÜCKLICH SEIN?

»Viel wichtiger als Zeugnis, Abitur oder Diplom ist ein Leben, das dem Herzen folgt statt einem Lehrplan.«

»Ich glaube, dass die schmalen Wege meistens länger sind als die breiten.«

OHNE STIMMUNG KEINE ZUSTIMMUNG

»Viele sind bereits ihr ganzes Leben lang gestorben. Leise, still und stets voller Hoffnung.«

»Jedenfalls ist der allgemeine Hang dazu, Glück und Zufriedenheit gleichzusetzen, ein grandioser Irrtum.«

WIRKUNGS
VOLLE
WORTE

»Wir wissen ja heute schon, wie unsere Geburtstagsfeier in zehn oder zwanzig Jahren aussieht: genauso wie heute, nur mit Stock.«

»Das Paradies der Toten ist in den Köpfen der Lebenden.«

»Es gibt ein Leben vor dem Tod!«

DIE REISE DES LEBENS
SCHLIESST DEN TOD MIT EIN

»Wie viele Dinge finden Sie gut, nicht weil sie gut sind, sondern weil Sie sich und anderen sagen, dass sie gut sind?«

»In die falsche Richtung zu laufen, um dessen irgendwann sicher zu sein, ist nicht das Dümmste.«

»Perfektion ist eine Illusion und zum Pragmatismus gibt es keine Alternative.«

WER SEINE KUNDEN BEFRAGT,
FÄNGT FISCHE IM AQUARIUM

»Das, was wir tun, ist ja auch bei geschätzten 90 Prozent der Menschen nicht unsere Herzensangelegenheit, sondern nur ein Job.«

»Es ist immer ein Trotzdem, das die Menschen weitergebracht hat.«

»Wir lieben Stars nicht weil sie positive Vorbilder sind, sondern weil sie eben das nicht sind.«

DIE MEISTEN SIND SCHLECHT,
WEIL SIE GUT SEIN WOLLEN

»Führungskräfte müssen sich eine bessere Welt konkret vorstellen können«

»Wer jeden Tag sein Bestes gibt, braucht sich um seine Zukunft keine Sorgen machen.«

»Eigentlich gibt es kein Unternehmen, das anders entstanden wäre als zum Zweck, Probleme zu lösen.«

AN PROBLEMEN WACHSEN WIR –
ABER NUR, WENN WIR SIE LÖSEN

»Das Problem ist, dass wir Probleme im Allgemeinen für etwas Schlechtes halten.«

»Wir leben in einem Selbsttäuschungssystem und haben uns gut darin eingerichtet.«

»Der Rucksack mit den Erledigungen, die das Verfallsdatum ›Sanktnimmerleinstag‹ tragen, ist zu schwer.«

PERFEKTION IST ZEITLUPE,
FANTASIE IST LICHTGESCHWINDIGKEIT

WIRKUNGS
VOLLE
WORTE

»Die meisten von ihnen sind Statisten im eigenen Leben, weil sie die Regie abgegeben haben.«

»Manche leben ihr Leben als hätten sie ein zweites Leben in Reserve.«

»Der Todestag ist nur der letzte Tag unseres Lebens.«

ZUM TODE GEFÜRCHTET IST AUCH GESTORBEN

»Das Schlimme am Schlimmsein ist, das man weiß, dass man schlimm ist, und trotzdem schlimm ist.«

»Wenn der Bauer nicht schwimmen kann, liegt es immer an der Badehose.«

DIESES LEBEN IST KEINE GENERALPROBE

»Kompromisse sind ein aufgedrehter Wasserhahn, der vergessen wurde zu schließen, während wir den Boden aufwischen.«

»Die einzige gefährliche Weltanschauung ist die Weltanschauung derer, die sich die Welt nicht angeschaut haben.«

WIR SIND STUDENTEN DES MISSERFOLGS

»Ich habe mich nie auf meine Talente verlassen, das Risiko war mir zu groß.«

»Ein Eis hat man sich immer verdient.«

»Die Wahrscheinlichkeit eintretender Kosten ist höher als die Wahrscheinlichkeit eintretender Umsätze.«

CHANCEN PFEIFEN NÄMLICH AUF REGELN

»Die Hoffnung, dass andere etwas bewegen, ist Selbstaufgabe.«

»Wer zentrale Probleme sichtbar besser löst als andere, der regt einen kybernetischen Kreislauf an, mit dem er seinen Erfolg nicht verhindern kann!«

EIN HANDFESTES PROBLEM IST IMMER EIN GUTER ANFANG

»Chancen sind so hundsgewöhnlich wie ein Teebeutel, ein Schmetterling, ein Fliegenpilz.«

»Planung ersetzt lediglich Zufall durch Irrtum.«

»Kritisieren kann jeder Depp und die tun es auch noch.«

GELD TÖTET KREATIVITÄT

»Und wie das immer ist: Hinterher sieht alles ganz einfach aus. So zwingend, so logisch.«

»Der Glaube an die Unmöglichkeit schützt die Berge vor dem Versetztwerden.«

»Erfolg ist die Folge von Entscheidungen.«

HERMANN SCHERER
SPEAKER + BUSINESS EXPERT

HERMANN SCHERER STATIONEN

❞❞ Sie haben mir wertvolle, umsetzbare Impulse, Inspiration und Motivation gegeben. Nach einem vollendeten Geschäftsführerleben helfe ich jetzt auf der Ebene des Beirats, jungen Unternehmen Stabilität und Perspektive zu geben – Ihr Seminar war dazu eine große Hilfe! ❞❞

HEINZ-DIETER EBERS
Seminar SchmidtColleg GmbH & Co. KG

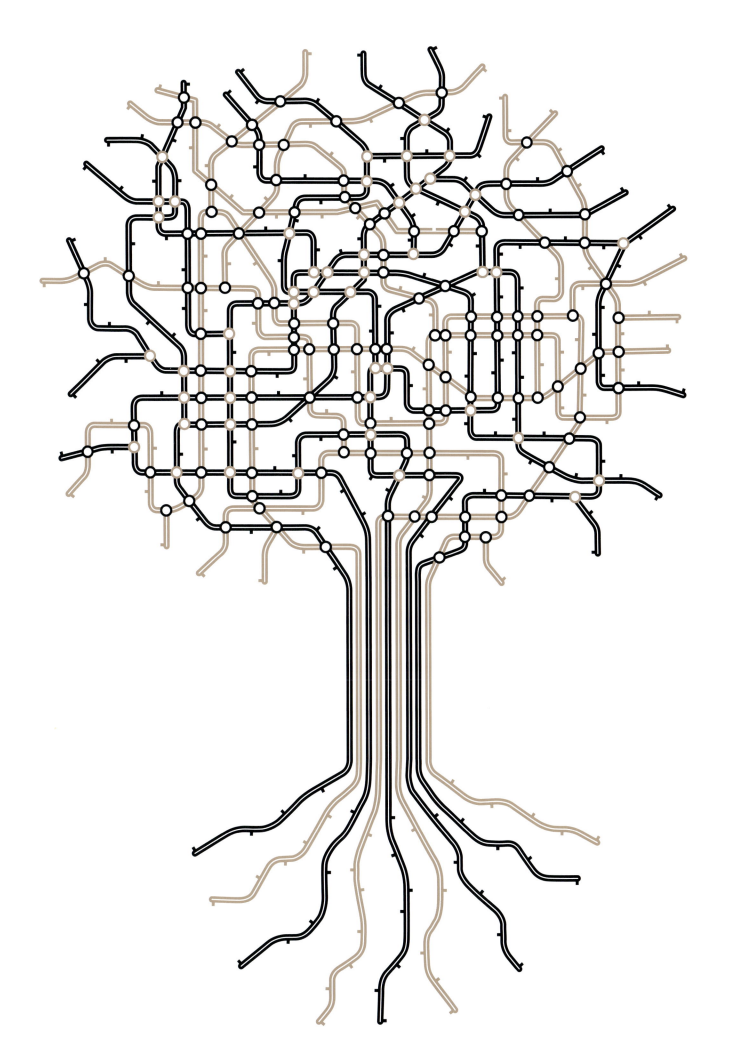

HERMANN SCHERER
STATIONEN

1964
- Geboren in Moosburg an der Isar

1982
- Schulausbildung, Freising

1984
- Lehre zum Einzelhandelskaufmann
- Anerkennung der Regierung von Oberbayern für hervorragende Leistungen in der Berufsausbildung
- Ausbildung der Ausbilder vor der IHK Koblenz

1985
- Betriebswirtschaftsstudium mit Schwerpunkt Marketing/Verkauf
- Erste Vortragstätigkeit in Seminaren für Industrieunternehmen

1988
- Inhaber und Geschäftsführer mehrerer Lebensmittelgroßmärkte
- Umsatzsteigerung in die Top 100 des deutschen Lebensmittelhandels
- Trainer und Berater einer amerikanischen und zugleich weltweit größten Trainings- und Beratungsorganisation

1989
- Gründung und Aufbau von Vertriebsfirmen für Luxus-Lebensmittel

1990
- Gründung und Aufbau eines Verlages für Spezialprodukte und Medien
- Alle bisher gegründeten Unternehmen erreichen die Marktführerschaft im jeweiligen Bereich

1993
- Trainerausbilder in Deutschland für die weltweit größte amerikanische Trainings- und Beratungsorganisation

1994
- Trainerausbilder in Europa

1995
- Manager of Instruction der weltweit größten Trainingsorganistaion

1996
Auszeichnungen
- Platinum-Award für höchste Qualität und höchsten Umsatz

1997
- Gründung und Aufbau eines nationalen Vertriebsunternehmens für medizinische und ophthalmologische Produkte
- Top Ten von über 10.000 Verkäufern im weltweiten Ranking der größten Trainings- und Beratungsorganisation

Auszeichnungen
- Emerald Club Award für höchste Qualität

1998
- Internationaler Train-the-Trainer-Trainer
- Implementierung neuer Ausbildungsstrukturen in Europa
- Durchführung der »Success Fundamentals for Training Consultants« in Europa

Auszeichnungen
- Reporting Award

1999
- Gründung von »Unternehmen Erfolg« mit später über 700 Experten aus verschiedenen Bereichen in gemeinsamen Veranstaltungsreihen mit der Süddeutschen Zeitung, der

Verlagsgruppe Handelsblatt, der Frankfurter Rundschau, der Stuttgarter Zeitung, dem Donaukurier, der Sächsischen Zeitung, der Verlagsgruppe Rhein Main, der Saarbrücker Zeitung, den Nürnberger Nachrichten, der freien Presse, dem Trierischen Volksfreund, dem Standard in Wien, dem Handelsblatt, dem Focus und weiteren 30 Verlagen

2000
- Entwicklung der Marke »Von den Besten profitieren«

Auszeichnungen
- Excellence Award

2001
- Veranstalter des Zukunftsforums in Deutschland mit dem 42. Präsidenten der Vereinigten Staaten William Jefferson (Bill) Clinton
- Buch »Jetzt komm ich!«
- Buch »Jeder Tag ist Schlussverkauf«
- Buch »Von den Besten profitieren« Band 1
- Fibel »Coaching-Brief für Spitzenleistungen im Verkauf«

2002
- Gründungspräsident des Rotary Club München Flughafen
- Buch »Sie bekommen nicht, was Sie verdienen, sondern was Sie verhandeln«
- Buch »Von den Besten profitieren« Band 2
- Hörbuch »Von den Besten profitieren«

Auszeichnungen
- Comenius Siegel der Gesellschaft für Pädagogik und Information e.V.

2003
- Lehrauftrag als Dozent für Verhandlungstechniken und Vertriebsmanagement des Executive-MBA in Entrepreneurial Management der Steinbeis Hochschule Berlin in Zusammenarbeit mit der

DePaul University in Chicago und Kelly School of Business, Indiana University.
- Start des Lehrauftrags als Dozent für Marketing des St. Galler Management Seminars der Steinbeis Hochschule Berlin und der Universität St. Gallen

- Buch »Die kleinen Saboteure«
- Buch »Ganz einfach verkaufen«
- Buch »30 Minuten für gezielte Fragetechnik«
- Buch »Von den Besten profitieren« Band 3
- Buch »Von den Besten profitieren« Band 4
- Buch »Jetzt komm ich!« erscheint in Estland

Auszeichnungen
- »Die besten Trainer« Cum Nobis
- Q Pool 100 · 2003

HERMANN SCHERER
STATIONEN

2004
- Buch »Die Erfolgsmacher – Von den Besten profitieren«
- Buch »Jetzt komm ich!« erscheint in Korea
- Hörbuch »Die kleinen Saboteure«
- Hörbuch »Die Erfolgsmacher«

Auszeichnungen
- Top 100 Excellent Speaker 2004
- Q Pool 100 · 2004

2005
- Lehrauftrag am Ethik-Zentrum der Friedrich-Schiller-Universität Jena
- Buch »30 Minuten für erfolgreiches Verhandeln im Verkauf«
- Buch »Unternehmerführerschein«
- Buch »Die Erfolgsmacher II«
- Buch »Die Erfolgsmacher« erscheint in Korea
- Buch »Die kleinen Saboteure« erscheint in Japan
- Buch »Die kleinen Saboteure« erscheint in Korea
- Buch »Die kleinen Saboteure« erscheint in Niederlande
- Bücher in einer Box »30 Minuten – Von den Besten profitieren«
- Hörbuch »Spielregeln für die Pole-Position«
- Hörbuch »Die Erfolgsmacher II«

Auszeichnungen
- Brainguide · 2005
- Top 100 Excellent Speaker 2005
- Q Pool 100 · 2005
- Professional Member GSA, German Speaker Association
- IFFPS

2006
- Buch »Wie man Bill Clinton nach Deutschland holt«
- Buch »Das überzeugende Angebot«
- Buch »30 Minuten für cleveres Einkaufen«
- Buch »Die Erfolgsmacher« erscheint in Brasilien
- Buch »Die kleinen Saboteure« erscheint in Taiwan
- Buch »Die kleinen Saboteure« erscheint in Thailand
- Hörbuch »Sie bekommen nicht, was Sie verdienen, sondern was Sie verhandeln«

Auszeichnungen
- Brainguide · 2006
- Top 100 Excellent Speaker 2006
- Q Pool 100 · 2006
- Professional Member GSA, German Speaker Association
- IFFPS

2007
- Master of Business Administration
- Aufnahme der Forschungsarbeit an der Friedrich-Schiller-Universität Jena
- Gründung des wissenschaftlichen Beirates
- Start Trend Scouting, Konkurrenzanalyse in kompetitiven Märkten

- Mitglied im Competence Board des FOCUS MediaLine.de
- Lehrauftrag am Hasso-Plattner-Institut in Potsdam
- Buch »Verkaufen mit dem inneren Schweinehund«
- Buch »Die kleinen Saboteure« erscheint in Spanien
- Buch »Wie man Bill Clinton nach Deutschland holt« erscheint in Korea
- Hörbuch »30 Minuten für eine gezielte Fragetechnik«
- Sammelband »Von den Besten profitieren« Band 1-4

Auszeichnungen
- Brainguide · 2007
- Top 10 Referent Conga Award
- Top 100 Excellent Speaker 2007
- Platinum Speaker Award 2007
- Q Pool 100 · 2007
- Professional Member GSA German Speaker Association
- Qualitätsexperte-Erfolgsgemeinschaft.com 2007
- IFFPS

2008

- Forschungsarbeit an der Friedrich-Schiller-Universität Jena
- Hörbuch »Wie man Bill Clinton nach Deutschland holt«
- Buch »Wie man Bill Clinton nach Deutschland holt« erscheint in China
- Beitrag zum Buch »Das große Karrierehandbuch«
- Viele Bücher erreichen mehrfach die Top-10-Bestsellerlisten von Wirtschaftswoche, Manager Magazin und der Financial Times Deutschland

Auszeichnungen

- Brainguide · 2008
- Top 10 Speaker Conga Award
- Top 100 Excellent Speaker 2008
- Platinum Speaker Award 2008
- Q Pool 100 · 2008
- Professional Member GSA German Speaker Association
- Qualitätsexperte-Erfolgsgemeinschaft.com 2008
- IFFPS

2009

- Hörbuch »Ganz einfach verkaufen«
- Buch »Jenseits vom Mittelmaß«
- Box »Jenseits vom Mittelmaß«
- Das Buch »Jenseits vom Mittelmaß« wurde von managementbuch.de zum Testsieger Unternehmensführung 2009 gewählt
- Das Hamburger Abendblatt wählt das Buch »Jenseits vom Mittelmaß« auf Platz 1 der Top Ten der Bücher des Jahres 2009

Auszeichnungen

- Brainguide · 2009
- Top 10 Speaker Conga Award
- Top 100 Excellent Speaker 2009
- Q Pool 100 · 2009
- Professional Member GSA German Speaker Association
- Qualitätsexperte-Erfolgsgemeinschaft.com 2009
- IFFPS

2010

- 25 Jahre Vortragstätigkeit
- Übernahme Vortragsimpulse GmbH
- Buch »Deutsches Rednerlexikon«
- Doppel DVD ROM »Jenseits vom Mittelmaß«
- DVD-Schuber »Jenseits vom Mittelmaß«

Auszeichnungen

- Brainguide · 2010
- 5-Sterne-Redner
- Best-of Semigator Speaker/Experte
- Deutsches Rednerlexikon 2010
- Top 10 Speaker Conga Award
- Top 100 Excellent Speaker 2010
- Q Pool 100 · 2010
- Rotary Foundation Paul Harris Fellow
- Professional Member GSA German Speaker Association
- Qualitätsexperte-Erfolgsgemeinschaft.com 2010
- IFFPS

Hermann Scherer bereitet die Veräußerung aller Unternehmen und Beteiligungen vor um sich voll auf die Kernkompetenz »Vorträge« zu konzentrieren

2011

- Buch »Glückskinder«
- Buch »Glückskinder« ist bei amazon auf Platz 1, erscheint u. a. auf der Bestsellerliste des Magazins »Stern«und zählt zu den 10 besten Karrierebüchern 2011 laut Hamburger Abendblatt.
- Partner von Miles & More
- Beitritt zum UN Global Compact
- Mitglied beim Global Business Oath

Auszeichnungen
- Brainguide · 2011
- 5-Sterne-Redner
- Best-of Semigator
- Speaker/Experte Deutsches Rednerlexikon 2011
- Top 10 Speaker Conga Award
- Top 100 Excellent Speaker 2011
- Q Pool 100 · 2011
- Professional Member GSA German Speaker Association
- Qualitätsexperte-Erfolgs-gemeinschaft.com 2011
- Energy Speaker Award 2011
- Top Speaker 2011
- GSF

2012

- Buch »Kleines Lexikon der Karten, Meilen, Punkte & Rabatte«
- Buch »Der Weg zum Top Speaker Wie Trainer sich wandeln, um als Redner zu begeistern«
- Buch »Hermann Scherer · Speaker und Business Expert
- Buch »Denken ist dumm - Wie Sie trotzdem klug handeln«
- Sonderauflage »Glückskinder«
- Hörbuch »Glückskinder«
- Buch »Glückskinder« erscheint in Polen
- Buch »Glückskinder« erscheint in Russland
- Buch »Glückskinder« erscheint in Taiwan
- Buch »Glückskinder« erscheint in Korea
- Buch »Ganz einfach verkaufen« erscheint in Tschechien

Auszeichnungen
- Brainguide · 2012
- 5-Sterne-Redner
- Best-of Semigator
- Best-of-Best Award
- Speaker/Experte Deutsches Rednerlexikon 2012
- Q Pool 100 · 2012
- Professional Member GSA German Speaker Association
- Vortragsredner.de
- Qualitätsexperte-Erfolgs-gemeinschaft.com 2012
- GSF

HERMANN SCHERER
SPEAKER + BUSINESS EXPERT

RHETORISCHES FEUERWERK
DREI REDNER IN EINEM

❞❞ Mit über 20-jähriger Erfahrung im Seminarbereich, als Teilnehmerin ebenso wie als Veranstalterin, glaube ich doch einiges an Erfahrung gesammelt zu haben – ich war noch nie so begeistert! Ihr Vortrag war interessant, informativ, effektiv, lebendig und humorvoll – Motivation und Genuss pur! ❞❞

ILENA SCHNELL
Cosmetics GmbH

DREI
REDNER
IN EINEM

Sie planen ein aufmerksamkeitsstarkes Event, ein innovatives Kick-Off, einen spannenden Kongress, eine prägende Kundenveranstaltung, ein Meeting, eine Messe oder eine Tagung? Nun benötigen Sie noch einen Referenten – oder gleich drei!

Zahlreiche Unternehmen nutzen die Vorträge von Hermann Scherer, um Motivation, Begeisterung, Kundenbeziehungen, Eigeninitiative, Eigenengagement und Aktivitäten deutlich und langfristig zu steigern.

Planen Sie mit Hermann Scherer Höhepunkte Ihrer Veranstaltungen und erfahren Sie, wie wertvolle Inhalte spannend und humorvoll präsentiert werden – verbunden mit Impulsen zum Aufstehen, Anfangen, Handeln.

SIE SUCHEN
EINEN EXPERTEN?

Doch was nutzt der beste Experte, wenn er es nicht versteht, die Zuhörer zu fesseln?

SIE SUCHEN
EINEN MOTIVIERENDEN UND UNTERHALTENDEN REDNER?

Doch was bringt Ihnen die gute Stimmung, wenn sie nicht zielgerichtet ist?

SIE SUCHEN JEMANDEN,
DER IHRE UNTERNEHMENSSPEZIFISCHE SPRACHE SPRICHT?

Denn: Was nutzen die besten Inhalte, wenn sie nicht zu Ihrem Unternehmen passen?

Wie wäre es mit jemandem, der all diese Wünsche mitreißend miteinander verbindet?

HERMANN SCHERER
DREI REDNER IN EINEM!

Hermann Scherer steht für:
– Ein packendes Thema
– Einen mitreißenden Vortragsstil
– Lebhafte Beispiele & wirkungsvolle Demonstrationen
– Inhaltsreiche, spannende Rhetorik
– Einsatz von Analogien oder Metaphern
– Engagement und mitreißende Begeisterung
– Garantiert begeisterte TeilnehmerInnen

DREI
REDNER
IN EINEM

DREI
REDNER
IN EINEM

Mit großer Freude durfte ich heute Ihre Pakete in
Empfang nehmen. Es ist mir ein großes Anliegen, Ihnen zu Ihrem
neuen Buch ›Jenseits vom Mittelmass‹ herzlich zu gratulieren!
Einfach super! Für mich ist Ihr enormes Wissen über ›das
Mittelmass‹ immer wieder unverständlich, weil ja ausgerechnet Sie,
meiner Ansicht nach, mit Ihren Ideen und Ihrer Weitsichtigkeit
unendlich weit vom Mittelmass entfernt sind! Es bereitet mir
immer wieder eine große Freude, wenn ich Sie live erleben oder
eines Ihrer tollen und lehrreichen Bücher lesen darf.
Peter Hitzler, La Biosthetique, Schweiz

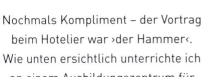

Nochmals Kompliment – der Vortrag
beim Hotelier war ›der Hammer‹.
Wie unten ersichtlich unterrichte ich
an einem Ausbildungszentrum für
Tourismus und es wäre phänomenal,
wenn Sie einmal Zeit hätten, an unser
Ausbildungszentrum zu kommen,
um einen Vortrag zu halten.
Prof. Mag. Sabine Wechselberger,
Ausbildungszentrum für Tourismus Villa
Blanka Pädagogische Hochschule Tirol

An dieser Stelle möchte ich mich auch im Namen
meines Teams für die kundenorientierte und gute Organisation
im Freisinger Hof explizit bei Ihnen, Frau Rebling, bedanken.
Sie sind eine äußerst kompetente Ansprechpartnerin.
Peggy Pleines, Nash & Nunki AG

Liebe Frau Rebling, klasse, dass Sie die
Dinge so energisch vorangetrieben haben.
Es ist eine wahre Freude, mit Ihnen zu
arbeiten. Hermann Scherer muss
ein glücklicher Mensch sein.
Frank-Michael Rommert

...dem interessanten Auftritt des
›Spitzentrainers‹ Hermann Scherer.
Kosmetik International

Viele Trainer konnte/durfte/musste ich schon erleben,
aber nach Ihrem Einstiegsbeitrag anlässlich unserer Führungs-
kräftetagung bleibt mir nur eine zusammenfassende Beschreibung,
die wirklich trifft: Sensationell! Direkt, spannend, pragmatisch,
rhetorisch, hervorragend, inhaltlich zutreffend und dabei jederzeit
zielführend – ein begeisternder Vortrag, der aufgezeigt hat,
wie einfach Verkaufen eigentlich sein kann.
Christian-Peter Witt, Raab Karcher Baustoffe GmbH

HERMANN SCHERER
SPEAKER + BUSINESS EXPERT

CHANCEN BLICK

Der Newsletter für Ihren persönlichen und unternehmerischen Erfolg.

Möchten Sie regelmäßig wertvolle Praxistipps und aktuelle Informationen rund um die Themen »persönlicher Erfolg«, »Unternehmenserfolg« und »Chancenintelligenz« erhalten?

Gerne senden wir Ihnen unverbindlich und kostenlos den regelmäßigen Chancenblick zu. Lassen Sie sich durch die inspirierenden Beiträge berühren, wachrütteln und begeistern! Hermann Scherer zeigt auf, wie man chancenintelligent wird. Das heißt, wie man seine – sich täglich bietenden – Chancen erkennt und effizient nutzt.

Um den Chancenblick regelmäßig zu erhalten, senden Sie eine Mail mit dem Betreff »Letter« an info@hermannscherer.com oder gehen Sie ins Internet unter www.hermannscherer.com.

Nutzen Sie Ihre Chancen für Ihren persönlichen und unternehmerischen Erfolg.

Der gestrige Abend mit
Herrn Scherer war ein absolutes Highlight.
Barbara Schwartz, Lübeck und Travemünde
Tourist-Service GmbH

Gerade haben wir die Auswertung unserer
Feedback-Fragebögen zum Automotive Symposium 2008
erhalten. Ihre Keynote wurde im Durchschnitt mit der
Note 1.37 bewertet. Sie waren der Primus.
Melanie Schmitz, SAP Deutschland AG & Co. KG

Ich hatte gestern das große Vergnügen bei
Ihrem Vortrag in Nürnberg dabei sein zu können.
Es war wirklich super, und sehr hilfreich für mich.
Michael Schulte

Ich hatte gestern Abend das Vergnügen ihren Vortrag
im Rahmen der ›Unternehmen Erfolg‹ Vortragsreihe in Augsburg
zu besuchen. Waren die bisherigen Vorträge schon jedes Mal
sehr interessant, so muss ich gestehen, dass der gestrige Abend
alles noch getoppt hat. Vielen Dank für einen lebhaften Vortrag
und den vielen lehrreichen Inhalten.
Robert Metz

Vielen herzlichen Dank für die kurzweiligsten
105 Minuten meines Berufslebens.
Jens Thewke

Herr Scherer hat mit seinem Vortrag dazu beigetragen, unsere
Teilnehmer für unser Veranstaltungsthema zu sensibilisieren
und ›in Stimmung‹ zu bringen. Alle waren sehr begeistert!
Ursula Grünes, Leitung PR Öffentlichkeitsarbeit,
B.A.D Gesundheitsvorsorge und Sicherheitstechnik GmbH

HERMANN SCHERER
SPEAKER + BUSINESS EXPERT

GANZ AUSGE-ZEICHNET

💬 Eigentlich müsste ich die Gedanken, die ich mir aus diesem Vortrag notiert und zur sofortigen Umsetzung farblich markiert habe für mich behalten. Wer das beherzigt, was Hermann Scherer mit Herzblut, überzeugenden Argumenten und den emotionalen ›Hintergrundaussagen‹ anwendet, wird sich im Wettbewerb behaupten. Für mich und die zwei weiteren Teilnehmer aus unserem Haus steht der Name Scherer seit gestern für TOP-Qualität. Wir haben ihn auf Platz eins aller bisher erlebten Trainer gesetzt. 💬

BERNHARD HELBING
Geschäftsführer, TMP Fenster + Türen

GANZ
AUSGE-
ZEICHNET

5-Sterne Redner
Begeisternde Redner und Moderatoren aus den Bereichen Motivation, Zukunft, Trend, Innovation, Wirtschaft, Führung und Vertrieb – fachlich kompetent und rhetorisch hervorragend.

Best-of Semigator
2010 · 2011 · 2012

Semigator ist ein Seminar- und Weiterbildungsportal im Internet. Best-of-Semigator ist eine Auszeichnung zum Top Trainer und Coach Deutschlands.

Brainguide · Premium-Experte
2005 · 2006 · 2007 · 2008 · 2009 · 2010 · 2011 · 2012

Ein Expertenportal der Wirtschaft, auf dem hochkarätiges Wissen und Redner zu finden sind.

Comenius Siegel
Die Gesellschaft für Pädagogik und Information e.V. (GPI), verleiht seit 1995 Comenius-Auszeichnungen. Mit der Stiftung der Comenius-Auszeichnungen fördert die GPI vor allem pädagogisch, inhaltlich und gestalterisch herausragende didaktische Produkte. Die Comenius-Auszeichnungen sind Ehrenpreise.

Cum Nobis · Die Trainervermittler
Eine Trainervermittlung, die insbesondere mittelständische Familienunternehmen bei der Weiterbildung ihrer Mitarbeiter sowie ihrer strategischen Marktausrichtung berät und unterstützt und Seminare für Unternehmen und Verbände konzipiert und organisiert.

Dale Carnegie Courses Reporting Award
Amerikanische und weltweit größte Trainings- und Beratungsorganisation. Der »Dale Carnegie Courses Reporting Award« ist eine Auszeichnung für höchste Qualität und höchsten Umsatz.

Emerald Club Award
Der »Emerald Club Award« ist eine Auszeichnung für höchste Qualität. Hermann Scherer erreichte die Top Ten von über 10.000 Verkäufern im weltweiten Ranking der größten Trainings- und Beratungsorganisation.

GANZ
AUSGE-
ZEICHNET

Energy Speaker Award 2011
Hermann Scherer überzeugte durch seine herausragende Kombination komplexe Inhalte hoch unterhaltend zu vermitteln und dabei wirklich aufzurütteln. Herzlichen Glückwunsch!

German Speakers Association (GSA)
Die German Speakers Association ist eine internationale Plattform für alle deutschsprachigen Trainer, Referenten, Coaches und alle weiteren Akteure im Bereich der Weiterbildung.

Global Business Oath
Der YGL Global Business Oath zielt darauf ab, den Wert, der heute dominant unter Führungskräften auf der ganzen Welt vorherrscht zu transformieren.

GSF
Die Global Speakers Federation GSF ist ein globales Netzwerk für unabhängige Rednerorganisationen, um den Interessen ihrer einzelnen Mitglieder zu dienen und dabei die professionelle Redner- Gemeinschaft weltweit zu fördern.

IFFPS
Die International Federation for Professional Speaker – IFFPS, heute bekannt als Global Speakers Federation GSF, ist ein globales Netzwerk für unabhängige Rednerorganisationen, um den Interessen ihrer einzelnen Mitglieder zu dienen und dabei die professionelle Redner-Gemeinschaft weltweit zu fördern.

Mitglied der Europäischen Trainerallianz
Hermann Scherer hat sich verpflichtet, nach den ethischen Richtlinien und im Sinne des Berufskodex für die Weiterbildung der Europäischen Trainerallianz zu handeln und ist dadurch berechtigt, das Signet der Europäischen Trainerallianz zu führen.

NSA – National Speakers Association
NSA ist eine führende Gemeinschaft für Redner, die Hilfsmittel und eine Ausbildung bietet um die Fähigkeiten, Integrität und Werte der Mitglieder und der Redner zu verbessern.

GANZ
AUSGE-
ZEICHNET

Perfect Speakers
Perfect Speakers.eu ist ein reines Qualitäts-Positionierungs-Netzwerk mit ausgesuchten und hoch qualifizierten Keynote-Speakern.

Platinum Speakers
2007 · 2008 · 2009

Eine Referentenagentur mit den besten Referenten Europas.

Platinum Speakers Award
Auszeichnung der Referentenagentur Platinum Speakers.

Q-Pool 100
2003 · 2004 · 2005 · 2006 · 2007 · 2008 · 2009 · 2010 · 2011 · 2012

Die 1998 gegründete Offizielle Qualitätsgemeinschaft internationaler Wirtschaftstrainer und -berater e.V. Q-Pool 100 ist Netzwerk und Fachvereinigung erfahrener Trainer und Berater. Ihr Ziel: Durch höchste Standards bei Professionalität, Kompetenz und Seriosität größtmögliche Transparenz und damit mehr Entscheidungssicherheit im HR-Management zu gewährleisten.

Qualitätsexperte · Erfolgsgemeinschaft.com
2007 · 2008 · 2009 · 2010 · 2011 · 2012

Nur ausgewählte und besonders qualifizierte Experten erhalten über gezielte Aufnahmekriterien Zugang. Ein derart erstelltes Qualitätssiegel ermöglicht den Unternehmen und Interessenten Unterstützung in der Vorauswahl, angesichts der Masse des Marktes, die guten Experten zu erkennen. Damit erzielen beide Seiten eine bessere Entscheidungs- und Investitionssicherheit.

Speaker / Experte Deutsches Rednerlexikon
2010 · 2011 · 2012

Das erste Lexikon dieser Art in Deutschland. Kompakt und übersichtlich gegliedert werden mehr als 700 Redner, Speaker, Keynote-Speaker, führende Managementexperten, Unternehmerpersönlichkeiten, Politiker, Wissenschaftler, Denker, Macher, Visionäre und außergewöhnliche Persönlichkeiten vorgestellt.

GANZ
AUSGE-
ZEICHNET

Top 10 Referent · Conga Award
2007
Der »Oscar der Veranstaltungsbranche« ist kein Jurypreis, sondern ein Abstimmungsergebnis der Gesamtheit der Deutschen Veranstaltungsplaner. Nach einem professionellen, mehrstufigen Pre-Qualifying eines 250-köpfigen Experten-Gremiums werden aus ca. 100.000 Trainern und Vortragsrednern aus D/A/CH 10 Trainer und Referenten nominiert.
Im nächsten Schritt wählen über 25.000 Veranstaltungs-Organisatoren ihren Favoriten und bestimmten damit das endgültige Ranking.

TOP 10 Speaker & Moderatoren
2010 · 2011
Der »Oscar der Veranstaltungsbranche« ist kein Jurypreis, sondern ein Abstimmungsergebnis der Gesamtheit der Deutschen Veranstaltungsplaner. Nach einem professionellen, mehrstufigen Pre-Qualifying eines 250-köpfigen Experten-Gremiums werden aus ca. 100.000 Trainern und Vortragsrednern aus D/A/CH 10 Trainer und Referenten nominiert.
Im nächsten Schritt wählen über 25.000 Veranstaltungs-Organisatoren ihren Favoriten und bestimmten damit das endgültige Ranking.

Top 10 Speaker · Conga Award
2008 · 2009
Der »Oscar der Veranstaltungsbranche« ist kein Jurypreis, sondern ein Abstimmungsergebnis der Gesamtheit der Deutschen Veranstaltungsplaner. Nach einem professionellen, mehrstufigen Pre-Qualifying eines 250-köpfigen Experten-Gremiums werden aus ca. 100.000 Trainern und Vortragsrednern aus D/A/CH 10 Trainer und Referenten nominiert.
Im nächsten Schritt wählen über 25.000 Veranstaltungs-Organisatoren ihren Favoriten und bestimmten damit das endgültige Ranking.

Top 100 · Speakers Excellence
2004 · 2005 · 2006 · 2007 · 2008 · 2009 · 2010 · 2011
Zum Kreis der 100 besten Speaker Deutschlands zu zählen, ist eine Auszeichnung für sich: Die Referentenagentur »Speakers Excellence« gibt den jährlich erscheinenden Top-100-Excellent-Speakers-Katalog heraus und versteht sich als Bindeglied im Dialog zwischen Unternehmen und der Kompetenz ausgewählter Redner aus den Bereichen Wirtschaft, Politik, Bildung und Sport.

GANZ
AUSGE-
ZEICHNET

Top 100 · Speakers Excellence
2004 · 2005 · 2006 · 2007 · 2008 · 2009 · 2010 · 2011
Die Referentenagentur »Speakers Excellence« ist eingebunden in ein spezialisiertes und erfolgsorientiertes Beziehungsnetzwerk des deutschen Bildungsmarktes und vermittelt ausgewählte Top-Referenten.

TOP SPEAKER 2011 bei www.top-speaker.com
Das Qualitäts-Siegel »Top Speaker« erhalten nur ausgewählte »Speaker«, die unter anderem auch entsprechend mehrfache Referenzen nachweisen können.

UN Global Compact
Global Compact oder auch United Nations Global Compact ist der englische Name für einen weltweiten Pakt (deutsch: Globaler Pakt der Vereinten Nationen), der zwischen Unternehmen und der UNO geschlossen wird, um die Globalisierung sozialer und ökologischer zu gestalten.

Unternehmen Erfolg Excellence Award
Unternehmen Erfolg hat Hermann Scherer in Kooperation mit führenden Zeitungsverlagen in Deutschland (Berliner Morgenpost, Frankfurter Allgemeine Zeitung, Süddeutsche Zeitung, Stuttgarter Zeitung, Focus, etc...) aufgrund der äußerst positiven Resonanz der Teilnehmer und der professionellen Zusammenarbeit im Rahmen der Speakers Vortragsreihen mit dem »Excellence Award« ausgezeichnet.

Vortragsredner.de
Auszeichnung für ausgewählte und prämierte Vortragsredner.

Best-of-Best
Auszeichnung für den Bestseller Glückskinder durch die Best-of-Best Akademie.

Das Publikum war begeistert, wie auch aus den
Ausschnitten aus dem Protokoll unseres Sekretärs hervorgeht...
Und um eins vorweg zu nehmen: der vom Präsidenten angekündigte
hochkarätige Referent hat die Erwartungen des Auditoriums absolut erfüllt,
wenn nicht gar übertroffen. Insgesamt ist es aber für den Protokollführer
unmöglich, diesen höchst schwungvollen und amüsanten Vortrag von
Hermann Scherer adäquat zusammenzufassen. Schade für all
die, die an diesem Abend nicht dabei sein konnten!
Dr. Klaus Tiedemann, Präsident Lions Club Freising

Ich ziehe den Hut – es war
Klasse und eine echte Energieleistung.
Mir gehen täglich viele Gedanken aus
der Vorlesung durch den Kopf.
Isolde Fischer,
Unternehmensentwicklung Elektror

Die Resonanz zu unserer Veranstaltung war durchweg
äußerst positiv. Nahezu alle eingeladenen Kunden haben
in den Tagen danach angerufen und sich nochmals ausdrücklich
für den gelungenen Abend bedankt. Sie haben einen wesent-
lichen Teil zum Gelingen dieses Events beigetragen.
Diana Schmidt-Dühr, Marketing, VR-Bank Stuttgart eG

Nun ist meine Sprachlosigkeit wieder
vorüber und ich möchte mich nochmals ganz
herzlich bei Ihnen bedanken für den Tag, Ihre hervorragende
Arbeit, einfach erstklassig! Für die wertvollen Impulse,
Ihre Inspiration und Motivation Dinge anzugehen die mir bis dahin
so noch nicht erschlossen waren. Durch Ihre erfrischende
und lebendige Art ging der Tag wie im Flug vorbei.
Iris Dieterich, Unternehmen Netzwerk

Ich habe schon viele Veranstaltungen
besucht, allerdings nie viel davon mitgenommen.
Bei Ihnen waren es mehr als die bekannten
fünf Prozent, die hängen blieben.
Sven Wulf, Schneider & Wulf
EDV Beratung GmbH & Co. KG

Hermann Scherer als Referent ist
eine Klasse für sich. Er versteht es exzellent,
mit Humor und Entertainment Sachverhalte
aufzuzeigen, die mich betroffen machen. Ich werde
die Impulse aus dem Vortrag integrieren.
Frank Behling, Deutsche Post AG

$c(-\sin t) - 18\sin t \cos t =$

$\sin t \cos t = 0$

$\dfrac{\partial f}{\partial x}(A)(x-a_1) + \dfrac{\partial f}{\partial y}(A)(y-a_2) =$

$G\{[x,y,z] \in E_3 : [x,y] \in M, 0 \leq z \leq f(x,y)\}$

$\left(\dfrac{\partial \varphi}{\partial x}; \dfrac{\partial \varphi}{\partial y}\right) = (U,V)$

$B[x,y]$

$\varphi(x,y) = \int \vec{f} \, d\vec{s}$

$[x_0, y_0]$

$\dfrac{x^2}{16} + \dfrac{y^2}{8} \leq 1$

$M \subset \sigma$

$\lim\limits_{x \to a}\left[\dfrac{f(x)-f(a)}{x-a} - f'(a)\right] = f'(a) - f'(a) = 0$

$\left.\begin{array}{l} x \equiv 1 \\ y \equiv 1 \end{array}\right\} \in M^\circ$

$R_0 = \dfrac{\sqrt{1000}}{3\sqrt{\pi}} = \dfrac{10}{\sqrt[3]{\pi}} \doteq 7$

$\Delta A = \left|\begin{array}{c}\dfrac{\partial^2 F}{\partial x^2} \\ \dfrac{\partial^2 F}{\partial y \partial x}\end{array}\right.$

$m_1 \doteq f(x_i) \Delta x_i \Delta y_i \Delta z_i$

$\vec{u} = \operatorname{grad}(A) = (F'_x(A), F'_y(A), F'_z(A))$

$Df \in (\infty; 0) \cup (0; 1)$

$x^2 + y^2 + z^2 = 16$

$f(x) \geq 0$

$S(f,D,V) = \|D\| =$

$= P_1 + P_2 + P_3$

$\displaystyle\int_a^b f(gx) \cdot g'(x)\, dx = \int_{g(a)}^{g(b)} f(t)\, dt = [F(t)]_{g(a)}^{g(b)}$

HERMANN SCHERER
SPEAKER + BUSINESS EXPERT

LEHR-AUFTRÄGE

❞❞ ...waren die Teilnehmer begeistert von Ihrem Vortrag. Note 1,0. ❞❞
STEFANIE SIGLOCH
Seminarbetreuung, St. Galler Managementseminar

LEHR-
AUFTRÄGE

ETHIKZENTRUM DER
FRIEDRICH-SCHILLER-
UNIVERSITÄT

Friedrich Schiller Universität, Jena
www.ethik.uni-jena.de

HASSO-
PLATTNER-
INSTITUT
FÜR SOFTWARE-
SYSTEMTECHNIK

www.hpi.uni-potsdam.de

INTES AKADEMIE FÜR
FAMILIENUNTERNEHMEN

Gilt als erste Adresse in Deutschland für hochqualifizierte Unternehmer-Beratung und Trainings. Förderer des Intes Zentrum für Familienunternehmen an der WHU in Koblenz
www.intes-akademie.de

NORDAKADEMIE

Hochschule der Wirtschaft, Elmshorn
www.nordakademie.de

ST. GALLER
MANAGEMENTSEMINAR

Steinbeis Hochschule, Berlin
Hochschule St. Gallen, St. Gallen
Vorlesung: Markt und Marketing

STEINBEIS HOCH-
SCHULE, BERLIN /
DEPAUL UNIVERSITY,
CHICAGO / KELLY SCHOOL
INDIANA UNIVERSITY

Vorlesung: Vertriebsmanagement und Verhandlungstechniken im Executive MBA in Entrepreneurial Management der Steinbeis Hochschule, Berlin mit DePaul University, Chicago und Kelly School of Business, Indiana University, Bloomington

ZFU INTERNATIONAL
BUSINESS SCHOOL

Verkauf und Marketing
www.zfu.ch

WISSENSCHAFTLICHER
BEIRAT

Neben den motivierenden Impulsen zum Aufstehen, Anfangen und Handeln sind Hermann Scherer die Inhalte der Vorträge ein besonderes Anliegen. Die Beispiele und Studien sollen praxisnah, relevant und verifiziert sein. Aus diesem Grund hat Hermann Scherer einen wissenschaftlichen Beirat ins Leben gerufen, der in künftiger Zusammenarbeit die Qualität der einzelnen Inhalte sichert und dessen Mitglieder ebenfalls Vorträge zu deren Expertise halten.

Beiratsmitglieder:
Prof. Dr. Dieter Benatzky, Prof. Alexander Doderer, Prof. Dr. oec. Urs Frey, Prof. Dr. Peter Lüdemann, Prof. Dr. Marco Schmäh, Prof. Dr. Claudius Schmitz, Prof. Dr. Barbara Schott, Prof. Dr. Lothar J. Seiwert, Prof. Dr. phil. Jens Weidner, Prof. Dr. Christian Werner

LEHR-
AUFTRÄGE

HERMANN SCHERER
SPEAKER + BUSINESS EXPERT

ÜBER 3.000 KUNDEN REFERENZEN

❞❞ Hermann Scherer ist eine Persönlichkeit mit Charisma. Wer ihn erlebt hat, will ihn wiedersehen. Weil er ein blendender Redner ist. Und weil das, was er sagt, Substanz hat. Zum Denken anregt. Zum Widerspruch reizt. Und am Ende immer überzeugt. ❞❞

MARK FRIEDRICH
Die Schweizerische Post

ÜBER 3.000
KUNDEN
REFERENZEN

Auszug aus über 3.000 Referenzen von Institutionen, Verbänden, »Hidden Champions«, namhaften internationalen Unternehmen, Marktführern und solchen, die es werden wollen:

A

@Friends GmbH & Co. KG
1a-Installateur Marketingberatung für Gas-, Sanitär- und Heizungsinstallateure GmbH
111 Conventuring Consulting und Beteiligungs GmbH
2H-Papier Großhandels GmbH & Co. KG
5 Sterne Bad Partner
AA Holz GmbH
Abbott GmbH
ABS Pump Center GmbH
Accenture Dienstleistungen GmbH
ACE Training
Aconsite AG
Adam Agentur GmbH
Adam Druck und Marketing GmbH
Adler Modemärkte GmbH
Adlon Datenverarbeitung GmbH
AEK Bank 1826
AEZ – Amper Einkaufszentrum
AFA AG
Afro GmbH
AFU GmbH
Agip AG
AGR Unternehmensgruppe GmbH
Aichinger GmbH
AISEC Deutschland
akabus, München
Akademie Bayerischer Genossenschaften
Akademie Deutscher Genossenschaften
ADG e.V.
Akademiker Bildung Steiermark
Akaflieg München e.V.
Aktiv Haus Freising
Aktiv Training & Event-Beratung
aktive sale München
Akzo Nobel Sikkens Coating
Allgäuer Zeitungsverlag GmbH
Alfa
alfacilitas
Allfinanz Deutsche Vermögensberatung AG
Alliance
Allianz Beratungs- und Vertriebs-AG
ALLinOne Netzwerk GmbH
Allservice Dienstleistungen
Alk-Scherax Arzneimittel GmbH
Alois Dallmayr Feinkost
Alpenland Aktenvernichtung GmbH
Alumni-KMU-Treffen der St. Galler Management Seminar
alz Augenklinik München

Amadeus Verlag GmbH
ambas Personaldienstleistungen
AMC
Amdahl GmbH
Amway Austria
Analytik Management Zirkel e.V.
Angerbauer, Lindauer & Partner
Antenne Bayern GmbH&Co.KG
Anti-Ärger Institut
Anzeigen Forum Verlags-GmbH
AOC
AOK

Apotheken-Strategie-Wirtschaftsforum 2004
ArabellaSheraton Grand Hotel München
Arabella-Wohnbau
Aral AG
Arnold AG
ars agendi
Arsformandi
Artinger Bau
Asam Apotheke
Asbach Uralt
ASC Automotive Solution Center
Ascena Services GmbH
AS-Druck
Astra Zeneca GmbH
ATM & Design
Attenberger Möbelwerkstätte GmbH
Attendo Systems GmbH
AUDI AG
Augsburger Allgemeine Presse-Druck- und Verlags-GmbH
Auto Kölbl Vertriebs GmbH & Co. KG
Autohaus Bauer
Autorenvereinigung
AUMA Austellungs- und Messe-Ausschuss der dt. Wirtschaft e.V.
AV-Cosmetics
AVIS
Avon Cosmetics GmbH
AWG-Donau-Wald mbH
Axel Springer AG

B

B.B.W. Industrieservice
Backmittel- und Backgrundstoffverband e.V.
B.A.D. Gesundheitsvorsorge und Sicherheitstechnik GmbH
Badischer Genossenschaftsverband e.V.
Bäckereiinnungsverband Westfalen-Lippe
Bags und Klausmeier Marketing GmbH
Bank 1 Saar
Bankhaus Metzler
Bardenia Bausparkasse
BASF AG
Bauer GmbH & Co
Baumgartner & Co.
Baumgartner Bauunternehmen GmbH
Bauunternehmen Hägele GmbH
Bauunternehmen Köhler GmbH
Bauunternehmung Grethen GmbH & Co KG
Bauzentrum Westermeier GmbH
Baxter Deutschland GmbH
Bayer AG
Bayerische Hypotheken- und Wechselbank AG
Bayerische Hypo- und Vereinsbank AG
Bayerische Landesärztekammer
Bayerischer Bauernverband
Bayerische Landesbank
Bayerische Landesanstalt für Weinbau und Gartenbau
BayernCard-Services GmbH
Bayern LB
Bayernwerk AG
BayWa AG München
Baywobau Baubetreuung GmbH
BBA Berlin Brandenburgische Akademie der Wohnungs- und Immobilienwirtschaft e.V.

BBE Handelsberatung GmbH
BDS Bund der Selbständigen
BDVT Berufsverband der Verkaufsförderer und Trainer e.V.
Beck Wohnbau GmbH
Becker + Stahl GmbH
Behrendt Import GmbH
Bel Adler Allgäu GmbH & Co. OHG
BelCos Cosmetic GmbH
Beratermarke.de
Bergader Privatkäserei GbmH & Co. KG

Berner & Mattner
Bertelsmann AG
Bertelsmann Arvato GmbH
Bertelsmann GmbH, AZ Direct Marketing
Bertelsmann Lexikothek
Beteiligungs-Gesellschaft Baden
Bettenring eG
Bezirk Niederbayern
BFW GmbH
BGW Marketing- & Management-
Service GmbH
BHF-Bank AG
BHS Beratungs- und Handels-
gesellschaft mbH
BHW AG
Bidinger Dentallabor GmbH
Bienenkorb Kunstgewerbe Vertriebs GmbH
Billa AG
Bildungsverbund Chemie und Technik e.V.
Binder Dental GmbH
Bionorica AG
Birk & Partner GmbH
birnbaum & ziegel GmbH
Bisquolm Spedition GmbH
BJB GmbH & Co. KG
BJU Bundesverband der Jungen
Unternehmer des ASU e.V.
BMW AG
bofrost Vertriebs GmbH + Co KG
Boen Parkett Deutschland GmbH
Böhme Chemie GmbH & Co. KG
Bonner Akademie GmbH
Boots Pharma GmbH
Bosch Dienst
Bosch Gebäudedienste
Bosch Telecom
Bosch Telenorma
Boxan Druck
BP Chemicals GmbH
Braune und Partner GmbH
Bremer Tageszeitungen AG
Bremische Volksbank eG
Brenker Dental Technik
Brillen Rottler GmbH & Co. KG
BroseBaskets Bamberg
Brugger und Schön Wohnbau
Bruno OHG d. Summerer
bSb Bundesverband Sekretariat und
Büromanagement e.V.
BSC Buisiness Service Center,
München-Flughafen
BSM Bankensoftware, München
Buchhaltungsservice Schneider
Büroring eG
Bund der Selbständigen
Bundesverband der Deutschen Volksbanken
und Raiffeisenbanken BVR
Bundesverband Deutscher Stahlhandel
Bundesverband Sekretariat und
Büromanagement e.V.
BDZV Bundesverband Deutscher
Zeitungsverleger e.V.

Burgergruppe
BUS Unternehmensberatung
Business Bestseller Verlags GmbH
Butscher Akustik e.K.
ButterBack, Nürnberg
BVD Bundesverband Dentalhandel e.V.
BVMW Landesverband mittelständische
Wirtschaft e.V.
BVV Bundesverband Verschnürungs-
und Verpackungsmittel e. V.
BW-Bank, Böblingen
BW-Bank, Freiburg
BW-Bank, Heilbronn
BW-Bank, Karlsruhe
BW-Bank, Singen
BW-Bank, Stuttgart
BW-Bank, Ulm
BWT AG

C

CA Computer Associates GmbH
Cabouchon Modeschmuck
Cafeteria im AVF
Camline GmbH
Campus Kronberg Accenture
Dienstleistungen GmbH
Campus Verlag
Cap debis GEI, München
Capitalinvest
CargoLine GmbH
Caris AG
Carl Kittel Autoteile GmbH
Carl Stahl GmbH
Cartondruck AG
CASE GmbH
cct-Seminare
CCUniRent System GmbH
CDA Datenträger Albrects GmbH
Cellway Martin Dawes Telecommunication
Charisma DOB
Chemnitzer Verlag & Druck GmbH & Co. KG
Central Krankenversicherung AG

Christ Schmuck
CH-Systems GmbH
CIBA Vision Ophthalmics GmbH
Citibank Deutschland
City Bau GmbH
Clarus GmbH
CM Creative Memories GmbH
Coach Communication GmbH
coiffureSUISSE
Color Offset GmbH
Com/Net
Comigro
Coming GmbH
Comites GmbH Unternehmensberatung
communicall GmbH
Compaq Computer GmbH
Compass Group
ConCardis GmbH
ConceptCard Management und Consulting
GmbH
Condat GmbH
Congress Incentive
Consquence
contac GmbH
Courissima GmbH
Covideen GmbH
Covyco GmbH
Creadance
Creaso GmbH
Creative Memories
Creative Verlag
Creativehouse
Credit Lyonais Factoring GmbH
CSA Düsseldorf
CSR Kommunikationslösungen

D

D&B Deutschland GmbH
Dachverband Deutscher Immobilienverwalter
Dahmit Betonwerke GmbH & Co KG
Daimler AG
Dalarna, Unterbrunn
Dale Carnegie Training
Dallinger & Sohn, Malerbetrieb
Data M Software
Dataflor GmbH
Datentechnik Intercom GmbH

ÜBER 3.000
KUNDEN
REFERENZEN

Datev eG
Daunquart GbR
DB Vertriebs GmbH
DC Advisory Partners GmbH
Debeka Versicherungen
Debis
debitel AG
DeguDent GmbH
Degussa Dental GmbH & Co. KG
DEHOGA Schwarzwald-Bodensee e.V.
Deiss AG
Dehoga Baden-Württemberg e.V.
Dema Elektronic GmbH
Demag Cranes & Components GmbH
Denkstelle Unternehmensentwicklung
Dental – Labor München
Dentalseminar Lorenz GmbH
Dentalstudio Müller GmbH
Dentsply De Trey GmbH
DePaul University Chicago
Der Holzring GmbH
Der Kreis Einkaufsgesellschaft für Küche & Wohnen mbH & Co. KG
Der Küchenring GmbH & Co. KG
Derkom + Klein GmbH & Co KG
designfunktion
Detail Immobilien GmbH
Deutsche BA
Deutsche Lotteriegesellschaft
Deutsche Lufthansa AG
Deutsche Post AG
Deutsche Telekom AG

Deutsche Vermögensberatung AG
Deutscher Marketing und Vertriebskongress
Deutscher Marketing-Verband
Deutscher Sparkassenverband- und Giroverband e.V.
Deutscher Speditions- und Logistikverband
Deutscher Tourismusverband
Deutscher Verkaufs- und Vertriebsleiter-kongress
DEVK Versicherungen
DHL Vertriebs GmbH & Co. KG

DHL, CH-Zürich
DHL Worldwide Express GmbH
Diana Dreeßen Managementtraining
Die Gläserne Manufaktur
Die Österreichische Hagelversicherung
Die Schweizerische Post
Direct Line Versicherung AG
Dirk Schmidt – Vorträge und Seminare
Dispersa Augenarzneimittel GmbH
Ditter Immobilien
Dirk Kreuter
DKV Deutsche Krankenversicherung AG
DMG Chemisch Pharmazeutische Fabrik GmbH
DMS GmbH
DNS Digital Network
Dohle Handelsgruppe
Dominoworld
Donaukurier Verlagsgesellschaft mbH & Co. KG
DonnerHoch3 GmbH
Dorfner KG
Douglas Holding AG
DPV Worldwide GmbH
Dr. Jäckle
Dr. Kaa Training
Dr. Klaus Beratung
Dr. Seidel GmbH
Dr. Weßling Gruppe Holding
Druck & Papier, München
Druckforum des Verbandes Druck und Medien
DS-Seminare
Dun & Bradstreet (Schweiz) AG
Duo-Spiel
DVS Deutsche Verkaufsleiter Schule GmbH
Dynamics Group
Dynasys Datentechnik GmbH

E

Eberhard Bauer GmbH
EBH Euro Baubeschlag-Handel AG
EBI Computerlösungen
EBIT GmbH
EconoMe
ECOVIS Grieger Mallison Wilters & Partner
EDE Einkaufsbüro Deutscher Eisenhändler GmbH
EDEKA Handelsgesellschaft GmbH
EDS-Sicherungstechnik
EDV-Schulungen Weiser
EGC Lerch
Einkaufspartner AG
Einrichtungsstudio Linke-Legleiter
Eisenmann & Partner
Eiwobau Sachsen
ELAS KG
Elektro Kessler
Ellenproject, Hepberg
Elwa-Elektro-Wärme-München
em3 Multi Media Marketing
EMPA Electronic Vertr. GmbH

Emra-Med
Emsländer Volksbank eG
Endress und Hauser
Endrich Bauelemente
Enzyklopädische Literatur
ENFIT e.V.
eo Vertriebs GmbH
E-Plus
Ergonet Edv-Consulting GmbH
ES Druck
Escada AG
Essener Regionalpresse Verlag GmbH
Ethik-Zentrum der Friedrich-Schiller-Universität
Eugen Marquard
Euronics Deutschland eG
Europart Holding GmbH
Europäisches Institut für Steuerrecht
European School of Business (ESB)
Eurotec Systemtechnik GmbH
Eutop SpeakerAgency
Eva Schubert
EVG Erdgasversorgungsgesellschaft mbH
EVH GmbH
EVO-Möbelvertrieb
EVVC Europäischer Verband der Veranstaltungs-Centren e.V.
Excerpta Medica, Reed Elsevier Deutschland GmbH
EXPERT Österreich e.Gen.

F

f&f SA/AG
FAA Gesellschaft für berufliche Bildung mbH
Fachhochschule für angewandtes Management
Fachverband Deutscher Hörgeräteakustiker e.V.
Fachverband Sanitär-, Heizungs-, Klima- und Klempnertechnik Niedersachsen
Fachverlag der Verlagsgruppe Handelsblatt GmbH
Fairvesta Holding AG

Falk Wohnbau GmbH
Falkenstein Coaching & Training
FASTech Integration GmbH
feedback – Agentur für innovatives Marketing
Felix Böttcher GmbH & Co
Ferienhotel Griesbach GmbH & Co
FGF GmbH
FIAG Findelsberger AG
FiB Akademie GmbH
Finanzdienstleistungen Weber
Finanzinformationssysteme GmbH
Finex Finanzforum AG
Finsch Finanzdienstleistung Schleicher
Fischer Academy GmbH
Fischerhaus GmbH & Co. KG
Fitness-World
FJA Feimeier & Junke GmbH
Fleck Container
Fleischgroßhandel Morgenstern
Flexi – Bogdahn Technik GmbH & Co. KG
FMG Flughafen München Gesellschaft GmbH
Focus Magazin Verlag GmbH
Focus Nachrichtenmagazin
Focus, Uni-Tag
Folger & Kollegen Rechtsanwälte
Ford Niedermair und Reich
Ford Werke GmbH
Forum Hotel München
Foselli Restaurant GmbH
Fotoco Fotohandelsgesellschaft mbH & Co.
Frank Computertechnik
Franke Raumgestaltung

Frankfurter Rundschau
Franziskus Apotheke, Ingolstadt
Fränkischer Tag GmbH & Co. KG
Fraunhofer-Arbeitsgruppe für Technologien der Logistik-Dienstleistungswirtschaft ATL
Fresenius Medical Care Deutschland GmbH
Freudenberg GmbH
Freudenberg Process Seals KG
Frieder Gamm
Friedrich Schiller Universität, Lehrstuhl für Angewandte Ethik
Fritsch Mediaservice
Fröhlich PR
Fuchs dynamische Meßtechnik GmbH

Fujitsu Siemens Computers GmbH
Fundamenta Baupartner GmbH
Future Electronics Deutschland GmbH

G

GAB, München
Gabriel Holzhandel
Gammon Unternehmensberatung GmbH
Gasthof Wadenspanner
Gastronomie Heins GmbH & Co. KG
GastroSuisse Berufsbildung
GB Gateway Schleuter Touristik GmbH
gbo Datacomp AG
GC Graphic Consult GmbH
gdbm Region Nord e.V.
Gecam AG
GEHE Pharmahandel GmbH
Generali Versicherung AG
Genossenschaftsverband Bayern e.V.
Genossenschaftsverband der Volks- und Raiffeisenbanken
Genoverband Bayern, Bezirksverband Schwaben
Gentic Hagn & Müller GmbH
German Speakers Association
GerroMed GmbH
Gesamtverband der deutschen Textil- und Modeindustrie e.V.
Gesamtverband Deutscher Holzhandel e.V.
Gesellschaft für Arbeitsmethodik
Gestalten und Verkaufen
Getränkeservice Ges. mbH Kiener & Co,
Gewerbeverband Freising
GFI GmbH
GfM Schweizer Gesellschaft für Marketing
GFT-/VAF
G.I.G. Gesellschaft für Immobilien- projektierung mbH
Gipfelstürmer GbR
GIS Teppichbodenmarkt
Gira Giersiepen GmbH & Co KG
GKM Gesellschaft für professionelles Kapitalmanagement
Glaskauf Nardon GmbH
Gleissner & Partner
Global Finanz AG
Gold Advertising Werbeagentur
Goldmann Verlag
Goldschmidt & Friends GmbH
GPI-Service-Center e.K.
Graphic Consult
Gräfe und Unzer Verlag
Grawo Immobilien GmbH
Grischconsulta
Grundstückverwaltung Frieser
Gruner + Jahr AG & Co KG
GTW GmbH Weiterbildung
Guidant

GWI, Gesellschaft für Wirtschafts- information GmbH & Co. OHG
Gyka AG

H

Haar-Forum
Hacker Pschorr
Hägele Bau GmbH
Hager Tehalit Vertriebs GmbH
Hagleitner Hygiene International GmbH
Halle Münsterland GmbH
Haltern Aktiv
Hamburger Sparkasse
Handelsagentur Loibl GmbH
Handelsagentur Tscherwinka
Handwerk International

Handwerkskammer für Schwaben
Handwerkskammer Niederbayern/Oberpfalz
Handwerkskammer für München und Oberbayern
Hannoversche Allgemeine Zeitung
Hans Vorbach GmbH Co KG
Haribo GmbH & Co. KG
Harrison Clinical Research Deutschland GmbH
Harry-Brot Gmbh
Haser Massivhaus GmbH
Hasso-Plattner-Institut für Software- systemtechnik GmbH
Hapag-Lloyd Kreuzfahrten GmbH
Hausmeister und Gebäudeservice München
Hayler KG GmbH & Co
heartselling
Heidelberger Naturfarben GmbH & Co. KG
Heilpraktikerin Anja Hess
Heimstadt Bausparkasse
Heinz Knöpfle GmbH
Heise Zeitschriften Verlag GmbH & Co KG
Heisserer Bau GmbH
Heizöl Engelmann
Hekatron Vertriebs GmbH
Hekuma Maschinenbau GmbH
Helaba Trust
Helbling Technik AG
Helfrecht Unternehmerzentrum
Helsana Versicherungen AG

ÜBER 3.000 KUNDEN REFERENZEN

ÜBER 3.000
KUNDEN
REFERENZEN

HeLi NET – Telekommunikation
GmbH & Co.KG
HEL-WACHT Bewachungsdienst GmbH
Hermes Einrichtungs Service
GmbH & Co.KG
Herweck AG
HEXAL AG
Hilton International GmbH
Hilton Dresden
Hilton Vienna
Hinterseer Hausverwaltungen
Hirte Medien-Service GmbH & Co KG
Hitzemann & Kretschmer
HL-Baustoff, Glauchau
HMS Touristik First Reisebüro
Hoffmann-Schanktechnik
Hofmann Bau GmbH
HoGaKa Profi GmbH
Holzbau Felber
Honeywell Deutschland Holding GmbH
honour and trust Investmentberatung
Hoppmann Marketing Service
Hotel Sonnenhügel Bad Kissingen
HR Expertenkreis
HRS – Hotel Reservation Servcie
HS-C. Hempelmann KG
htp hannover telefon partners
HTS Deutschland GmbH & Co. KG
Huber Kamin und Kachelöfen
Hubert Burda Media Holding
GmbH & Co. KG
Hübner Druck GmbH
HVB Luxembourg
Hypo Capital Management
HypoVereinsbank AG

I

I.M.V.
I.P. Quarz Form GmbH
ib Media Services
IBM Deutschland GmbH
Iccom International
Ichrede
Idee & Service Werbung GmbH
IFG mbH – Internationale Fortbildung
Ifm electronic GmbH

IGA Optic
IGBCE Industriegewerkschaft Bergbau,
Chemie, Energie
Igutec
IHK Frankfurt
IHK Mittlerer Niederrhein
IHK zu Leipzig
ikis – Fondsberatung
IKK Bayern
IMAG Gesellschaft für Immobilien-
manag. mbH & Co. KG
Immobilienverband Deutschland IVD
Immocoach
Immoscoring GmbH
ImPlus GmbH
implus Trainings AG
Improvement To Success
Impulse
In.Form Reitschuster
Incentiv Travel GmbH
Industrieverband Körperpflege-
und Waschmittel (IKW) e. V.
Ingenieurbüro Michael Gammel
Ingenieurbüro Degenhardt
Ingenieurbüro Tonnar
Ingolstädter Kommunalbetriebe AöR
Inn Sign Beratung
Inno Hausbau GmbH
ICU Innovative Community Unterschleissheim
Innovex GmbH
Installation Franz Opbacher
Institut Beautycase
Institut für Zukunftsgestaltung
Interflex Deutschland GmbH
International Advertising Association (IAA)
swiss chapter
interNet GmbH
Interschalt GmbH
i-Punkt Immobilien
Isar-Amperwerke
Isargrund Kronthaler
ISO GmbH
ista Deutschland GmbH
ITK Internationales Transport-Kontor GmbH
IVD-Institut – Gesellschaft für Immobilien-
marktforschung und Berufsbildung mbH
Ivoclar Vivadent GmbHJ. Kiffer GmbH

J

J-7 Group
J. Friedrich Ammon GmbH & Co. KG
Jafra Cosmetics GmbH
Jahrestagung Vending
Jakob GmbH
Japan Tobacco International
Jenapharm GmbH & Co. KG
Jena Optronik GmbH

JJK Gesellschaft für innovative
Verlagssoftware mbH
Johnson & Johnson Vision Care
Jörg Schneider
Jowat AG
Jung von Matt
Jungheinrich AG
Juwelier Schießl

K

K. Fell Druck GmbH
K2 Bauträger GmbH
K-5 Atelier
KAB-Coaching
kajo, Gröbenzell
Karl Gröner GmbH
Kampffmeyer Mühlen GmbH
Kanoldt Arzneimittel GmbH
Kanzlei Dressler u. Partner
Kanzlei Klunker
Kanzlei WSS
Kapitalinvest Ralf Reppenhagen
Kaßmann und Lenz, Bau und
Möbelschreinerei
Kegelmann Technik GmbH

Keramik + Wohnen GmbH
Kern Haus
Kick Marketing Kongress Slogan
Kieler Nachrichten
Kieser Druckerei GmbH & Co KG
Kirby
Klar Marketing Beratung & Training
Kleinhenz Elektronik
Klement GmbH & Co. KG
Klinge Pharma GmbH
Klinge-Nattermann PUREN GmbH
Klinik GILEAD
Klinik Haus Bruneck
Klinik, Kreuth
Kloiber Beratung GmbH
Klöpferholz GmbH & Co. KG
Klüber Lubrication Deutschland KG
KM Personalmarketing GmbH
Knoth GmbH
Kodak GmbH
Koenen GmbH

ÜBER 3.000
KUNDEN
REFERENZEN

Kom-ma
Konzept Computer
Konzept- und Feinkostkontor GmbH & Co.KG
Kopp, Oesterle & Tischler Partnerschaft Steuerberatungsgesellschaft
Kosmetik International
Kosmetik International, Gaggenau
Köthener Haus- und Grundbesitzverwaltung e. Kfr.
Kötter GmbH & Co. KG Verwaltungsdienstleistungen
Kraft Foods Deutschland GmbH
Kreative Kommunikation Dr. Antje Wittwer GmbH
Kreishandwerkerschaft Füssen
Kreishandwerkerschaft Hannover
Kreissparkasse Köln
Kressler Unternehmertreffen
Kröckel Wohnbau GmbH & Co. KG
Kulmbacher Brauerei AG
Kübler GmbH
KPMG AG
KWD Automotive AG & Co. KG

L

La Biosthetique Deutschland
La Biosthetique Österreich
La Biosthetique Schweiz
Laboratoire Biosthetique
Laboratoire Labothene Cosmetique GmbH & Co
Lafarge Dachsysteme GmbH
Landesverband der Arbeitskreise Unternehmerfrauen im Handwerk Baden-Württemberg e.V.,
LBBW Landesbank Baden-Württemberg
LBE, Landesverband des Bayrischen Einzelhandels
LBS Baden-Württemberg
Lebensmittel Zeitung
Leipziger Volkszeitung
Lemkens + Lemkens Steuerberater
Lernende Region Tölzer Land e.V.
LBS Landesverband Bayerischer Spediteure e.V.
LfA Förderbank Bayern
LGT Bank in Liechtenstein AG
Lignotrend Produktions GmbH
Limberger Fuchs Koch & Partner
Lingner & Lingner Consulting New Media
Lingner Marketing
Lions Club Freising
Lloyd Versicherungen
Lohnsteuer Hilfe-Ring Deutschland
L'Oréal Deutschland GmbH
L'Oreal Haarkosmetik und Parfümerien GmbH & Co. KG

Lotteriegesellschaft Thüringen
Lorch Schweißtechnik GmbH
LouisVuittonMoetHennesy
LRA Landratsamt Freising
LSG Lufthansa Service Deutschland GmbH
LS-Tiefbau GmbH, Geisenhausen
LTF Landegger Warenvertriebsgesellschaft m.b.H.
Ltm, incentive travel, marketing & motivation
LTU Touristik GmbH
Lübrical Dr. Franke GmbH
Lufthansa AG
Lufthansa Service Gesellschaft
Luigi Di Lenardo GmbH & Co.KG
Lyoness

M

Madame Nanette Cosmetic GmbH
Mader GmbH & Co.KG
Mader-Marketing Communication GmbH
MAHAG
Maler Hoßfeld GmbH
Management-Beratung & Seminare für steuerberatende und wirtschaftsprüfende Berufe
Managementbuch.de
MAN Nutzfahrzeuge AG
MAN Rexroth Pneumatik GmbH
Manstein Zeitschriftenverlagsgesellschaft m.b.H.
Männer Group
Marianne Strauß Klinik
Maritim Hotelgesellschaft mbH
Marketing Club Aachen
Marketing Club Lübeck
Marketing Club München
Marketing Club Nordhessen
Marketing Club Zwickau
Marketinggemeinschaft der Volks- und Raiffeisenbanken e.V.
Marketing Service
Marketingtagung der Energieversorger
Marketing- und Service-Gesellschaft mbH desLandes-Innungsverbandes für das bayerische Bäckerhandwerk
Marketingverband Zeitarbeit e. V.
Mar-Ko Fleischwaren GmbH & Co. KG
Marlboro Phillip Morris AG
Marold Personalberatung
Marriott Hotel
Martin Geiger, Effizientertainer
Massage-Praxis-Liebetruth
MasterCard
Matchworker
Mateco Media GmbH
Mateco AG
Max Netter GmbH
Mayersche Buchhandlung
MBE Deutschland GmbH
MBM Münchner Boulevard Möbel GmbH
MC Consult GmbH

MC Marketing Club Aachen
McKinsey
Media Nova
Mediatum GmbH
Medialog
medialook medienberatung
Medical Consulting Bergs
Medical Verlag
Medice GmbH
Medien-Akademie Augsburg
Mediendesign und Umsetzung von Werbekonzepten

Medienhaus Südhessen
Medtronic GmbH
Meeting Professionals International
Mega Memory Mega Memory Symposium
Megahertz TV Fernsehproduktion GmbH
Meinburk, München
Meisenbach Verlag GmbH
Meltec Computer GmbH
Memminger PL
Mentalinform GmbH
Menter & Partner
Messe Friedrichshafen
Metatrain
MHK Gruppe
Michaeler & Partner
Michael Weinig AG
Microsoft AG
Microtest
Miele & Cie. KG
Miele & Cie. KG Vertriebsgesellschaft
Mietverwaltung München
Milch Industrieverband
Mittelbayerischer Verlag KG
Mittelbayerische Werbegesellschaft KG
Möbel Hess
MP+P Werbeservice
MSO Medien-Service GmbH & Co. KG
MTP Marketing zwischen Theorie und Praxis

ÜBER 3.000
KUNDEN
REFERENZEN

MTU Aero Engines
Mucos Pharma
Münchner Marketing Circle e.V.
Münchener Zeitungs-Verlag GmbH & Co. KG
Munich Maschine
myline-Deutschland GmbH

N

Nash & Nunki AG
Naturheilpraxis Keller
Naturheilpraxis Kleinknecht
Neue Aargauer Bank AG
Neue Westfälische GmbH & Co. KG
Neumann International
Neumeyr Mietverwaltung
Neurologische Klinik Bad Aibling
Neusser Zeitungsverlag GmbH
Nextiraone
Nexus Informatics GmbH
NH Hotels
Nici AG, Altenkunstadt
Niederreihnische IHK
Niederer AG
Nikken UK
NOB Deutschland
Nokia GmbH
Norbert Hauser GmbH
Nordakademie Hochschule der Wirtschaft
Nordwest Dental GmbH & Co. KG
Nordwest Handel AG
Norisbank
Novartis AG
Novitas Folienprodukte GmbH
novum publishing GmbH
NowEsCo Immobilien
Nürnberger Akademie für Absatzwirtschaft
Nutzwerk GmbH
Nycomed Arzneimittel GmbH

O

Oberösterreich Tourismus
ÖHV-Touristik Service GmbH
Oestreicher+Wagner
Office Support GmbH
OH! Datenservice GmbH
OLB Oldenburgische Landesbank AG
ONbackup GmbH & Co. KG
Opel AG
Opfermann Arzneimittel
Opta Massivhaus
opta Ring deutscher Baubetreuer
Optik Foto Fischer GmbH
Optik Kramschuster
Optima Pharmazeutische GmbH
Ortenauer Impulse
Orthozentrum München
Osborne Clarke
Osram Türkei
Ostharzer Volksbank eG
Ostseekongress Rostock
ots Unternehmensberatung GmbH
OttConsulting
Otto Lampertz GmbH + Co. KG

P

P&I AG
PASS IT-Consulting Dipl.-Inf. G. Rienecker GmbH & Co KG
P H W Grundbesitzverwaltung GmbH
P.A.S.H.
P.E.G. Einkaufs-/Betriebsgenossenschaft
parameta Projektberatung GmbH & Co. KG
Paromed Vertriebs GmbH & Co. KG
Party-Lite GmbH
PayTec AG
PCA EDV-Consulting GmbH
Pedross AG / Jowat AG, I-Bozen
Pensionskasse der Genossenschafts-organisation
Pension Solutions GmbH
PeopleSoft GmbH
performance Medien & Datensysteme GmbH
persona service Verwaltungs AG & Co. KG
Pfalzwerke Ludwigshafen
Pfleiderer Dach
Pforzheimer Uhren & Schmuck Almelin
PGM Art World
Pharma & Marketing
Pharmecon GmbH
Phonak GmbH
Photodesign Hesselmann
PIN Partner im Netzwerk e. V.
Piotrowski Gebäudereinigung
Planen und Bauen GmbH
Planungsbüro Bertram Weickert
Planungsbüro Hlady
pmcc consulting GmbH
PMCS GmbH & Co. KG
POOL-Alpin Einkaufsgemeinschaft GmbH
Porsche Austria GmbH & Co. KG

Powerhydraulik Schlagenhauf
Praetner GmbH + Co. Handels KG
Pravida Bau GmbH
Praxis Dr. Karsch
Praxis Dr. Struller
Prechtl Metzgereibedarf
Premium Conferences GmbH
Presse Danner
Presshaus Verlag Lensing-Wolff
Price Waterhouse Coopers
Private Weissbierbrauerei
G. Schneider & Sohn
Prodinger & Partner GmbH
Pro Visio

Projekt und Baubetreuung Dr. Schießl
Promarca Schweizerischer Marken-artikelverband
Prospitalia GmbH
Provinzial Rheinland Versicherung AG
PSWH
Puls GmbH
Purmo Dianorm
P-W-Immobilien, Finanzberatung

Q

Queens Hotel
Quixx`s

R

Raab Handelsvertretung
Raiffeisen.it, I Bozen
Raiffeisenbanken Tonbach
RA-MICRO Software
Raps & Co
rayclean / Nils Bogdol GmbH
RBF R. Böker Finanz-Informations Systeme GmbH
Reichenbach GmbH
Reiff Verlag KG
Rheinische Post
Rheinpfalz Verlag und Druckerei GmbH & Co. KG
Regierung von Schwaben
Reisswolf Deutschland GmbH
Rèmar

ÜBER 3.000
KUNDEN
REFERENZEN

Rembold & Holzer
Renaissance Hotel
Rent a Star
Rentz Bau GmbH
Respironics Deutschland
Ressourcing Akademie AG
Restorama GmbH
Rethmann Entsorgungswirtschaft GmbH
Rewe Group
Rewe International AG
Rewe Schönwälder oHG
REWE Zentral AG & Co oHG
Rheinischer Sparkassen- und Giroverband
Rheinmetall Landsysteme GmbH
Richard Lechner
Riebel/Technik
Rittweger Werbeagentur
ROK Beteiligungsgesellschaft mbH & Co
Roller GmbH
Romantik Hotel Fürstenhof
Römerstein Grundbesitz oHG
Römheld
Ronald Hanisch
Röwer Sicherheits + Gebäudetechnik
Rosen Apotheke
Rössler Papier GmbH & Co KG
Rota System AG
Rotary Club Müchen Flughafen
Royal GmbH
Rubicon GmbH
Rückert Wohnbau GmbH
RWT Reutlinger Wirtschaftstreuhand GmbH

S

Saarbrücker Zeitung
Saffer Wohnbau GmbH
Sagaflor AG
Saint-Gobain Isover G+H AG
Salih Sanli GmbH
Sana Kliniken
Sanbloc GmbH

SAP
Sarnafil GmbH
Sartori und Fuhrmann GmbH
Schäch GmbH Heizung-Sanitär
Schäfer Consulting & Partner
Scharfenberger Maschinenbau GmbH + Co. KG
Schätzel Wohnbau GmbH
Schauer Immobilien
Scheibel GmbH + Co
Scheidl Bauplanung GmbH
Schenker Deutschland AG
Schindler Deutschland GmbH
Schlagmann Baustoffwerke
Schleupen AG
Schleuter Touristik GmbH
Schmiderer GmbH, Aying
Schmidt Colleg GmbH
Schmidt Periodicals GmbH
Schmiedendorf GmbH
Schneller`s Fleischsalat
Schnittechnik Mauttner
Schober Information Services GmbH
Schön Kliniken
Schoober Group
Schornsteinfegerinnung Hannover
Schüco International KG
Schuler Wohnbau GmbH
Schuster Kunststofftechnik GmbH
Schwabe + Braun GmbH
Schwarzwälder Bote Mediengesellschaft mbH
Schwäbisch Hall Training GmbH
Schweizer Verband der Immobilienwirtschaft SVIT
SCHWENK Zement KG
Securitas
Secutrends GmbH
Seifert Logistics GmbH
Sent GmbH
Serono Pharma
service&more Dienstleistung für Kooperationen und Handel GmbH
service³ GmbH & Co. KG
ServicePlan
Service-Team Rechnungswesen
SF Grundstücksverwaltung GmbH

shk-aktiv² Unternehmensberatung
Siemens AG
Siemens Building Technologies GmbH & Co.
Siemens Enterprise Communications GmbH Co. KG
Siemens Gebäudetechnik
Signal Iduna Group
Siha Strickmoden
Sikkens GmbH
Simulation Training Rescources
Sirtl Dentaltechnik
Sixpack Europe GRB
SL Marketing Services
Slogan Werbeagentur
SMG-Musikverlag
Smith Kline Beecham
Software design & management
Solutio GmbH
Sonnenkraft GmbH
Sonnenkraft Österreich Vertriebs GmbH
Sonotron Medizinelektronik
Sopexa
Sozialstiftung Bamberg
Sozietät Laufenberg

SPAR österr. Warenhandels AG
SPAR AG
SPAR Handels AG, Schweiz
Sparkasse Essen
Sparkasse Freising
Sparkasse Neuss
Sparkasse Saarbrücken
Sparkasse Spree-Neisse
Sparkassenverband Bayern
Sparkassen-Verlag
Speakers Excellence
Spectaris
Spedition Bisquolm
Speech Design GmbH
Spektrum
Spengler und Stanzl, Schreinerei
Spielwarenmesse Nürnberg
Spitzer Wohnbau GmbH
Sportforum Allach
Sport-Forum GmbH & Co.

ÜBER 3.000
KUNDEN
REFERENZEN

Sporthotel Stock, A Finkenberg
Sportpark Limburg
SpotCom GmbH & Co. KG
Sprengnetter GmbH
Springer Transport Media GmbH
SRB Massivhaus GmbH
St.Galler Management Seminar
Stadt St. Georgen
Stadtwerke Düsseldorf AG
Stadtwerke Halle GmbH
Stadtwerke Ingolstadt
Stahl GmbH
Stangelmaier Immobilien GmbH
StarConTra GmbH
Staticon med. Forschungsgesellschaft mbH
Steinmetz Consulting AG
Stern Magazin
Stefan Bartel Training
service & more Dienstleistungen für Kooperationen und Handel GmbH
Steuerkanzlei Angerbauer Lindauer und Partner
Steuerkanzlei Schwarz
Steuerkanzlei Ralf Bentz
Steuerkanzlei Stadler
Strabag Property and Facility Services GmbH
Straubinger Tagblatt
Stuttgarter Zeitung
Süd – Chemie AG,
Süddeutsche Zeitung
Südtiroler Handwerkervereinigung
Susanne Büttner
Sun Stone
sunsun Sonnenstudios
suXXes Messe
Swear Schuhe GmbH
Swisscom Mobile AG
SWK OHG
Sybac Industriebau GmbH
Synchron Computer
Systemkonzept – Impulstraining
System to win Beratungs GmbH

T
tabacon Presse GmbH & Co
Taylorix GmbH
TB Immobilien Pullach
T-Com, Deutsche Telekom
Team Baucenter GmbH & Co. KG
Team Communication
Team Schuster Consulting
teamschostek
Techem
Technische Universität Graz
Technische Universität München
TechnoAlpin A.G.
tecis Finanzdienstleistungen Aktiengesellschaft
Tecta Plan GmbH
TeeGschwendner GmbH
Telebinder Kommunikation
Telecash
Telent GmbH Kommunikationssysteme
Tempus GmbH
Therapiezentren Stebner
Therme Geinberg
THI Tourist Handling International
Thiel, Berka
Thieme Verlag
Thomdent Dentalvertrieb GmbH
Thorsten Bartl Wirtschaftsberatung GmbH
Thoms EnergieService
Thüga AG
Ticket Online Software GmbH
Tina Voß Zeitarbeit GmbH
Tips Zeitungs GmbH & Co KG
Tirol Werbung GmbH

Tiroler Skilehrerverband
Tischner Consulting
T-Mobile Austria GmbH
TOP Radiovermarktung GmbH & Co. KG
Tourismusforum der Alpenregionen
Tourismusverband St. Anton am Arlberg
Tourismusverband Franken e. V.
Tourist Handling International
Toyota Deutschland GmbH
Trachten und Modehaus Grasegger
Trainerkongress GSA
Training nach Maß

Trendkongress
Trio Hair & Companie GmbH
Trüb AG
Trurnit & Partner Verlag
TUI AG
Tuja Zeitarbeit GmbH & Co. KG
TUM Technische Universität München Weihenstephan
Tupperware Deutschland
TÜV
Two people music
Tyczka GmbH
TYPE GRAPHIC

U
Überreuter Druck Wien
Überreuter Print und Digimedia GmbH
Überreuther Managerakademie
Ulrik Neitzel
Union Asset Management Holding AG
Union Investment Privatfonds GmbH
Unionplastik GmbH
Universität St. Gallen
Unternehmen Erfolg
Unternehmensberatung Kerkhoff & Partner
Unternehmer Akademie des Genossenschaftsverbandes
Unternehmerforum Bozen
Unternehmerkreis Böhme Chemie
Unternehmerkreis Singen
usedSoft, München
Uzin Utz AG

V
Vario Büro Einrichtungen GmbH & Co. KG
VCC
VDEh
VDI
VDKL Verband Deutscher Kühlhäuser und Kühllogistikunternehmen e.V.,
Vending
Verbandsgemeinde Mendig
Verband Deutscher Mineralbrunnen
Verband Deutscher Druck und Medien NRW
Verband der dt. Zeitschriftenverleger
Fachverband der konfessionellen Presse VDZ

ÜBER 3.000
KUNDEN
REFERENZEN

Verband der PSD Banken
Verband Druck und Medien in
Baden-Württemberg e.V.
Verband für Sicherheit in der Wirtschaft
Baden-Württemberg e.V.
Verband für die Oberflächenveredelung
von Aluminium e.V.
Verband Spedition und Logistik
Baden-Württemberg e.V.
Verband norddeutscher Wohnungs-
unternehmen e.V. (VNW)
Verband Nordrhein-Westfälischer
Omnibusunternehmen e.V. (NWO)
Verein Agrarmarketing Mecklenburg-
Vorpommern
Vereinigung der Bayerischen Wirtschaft e. V.
Verlag Eugen Ulmer KG
Verlagsgesellschaft Madsack
GmbH & Co. KG/ HAZ
Vermögensberatung Kleinhans
Verwaltungs- und Privat Bank AG
VfE Verein für Existenzsicherung
vfm Versicherungs- & Finanz-
management GmbH
VHS Freising
V.I.A. Verteilung im Auftrag GmbH
VIA Vorsorge GmbH
Viewlogic Systems GmbH
visus service gmbh
Vion GmbH
VMS Gruppe
Vogel Business Media GmbH & Co.KG
Vogel IT Medien GmbH
Vogtland-Haus GmbH
VKG Vereinigter Küchenfachhandel
Volksbank Backnang eG
Volksbank Biberach
Volksbank Detmold eG

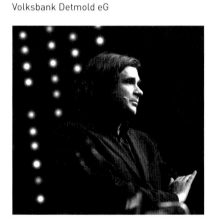

Volksbank Karlsruhe
Volksbank Lahr eG
Volksbank Neu-Ulm
Volksbank Offenburg
Volksbank Oldenburg eG
Volksbank Schwäbisch Gmünd eG
Volksbank Stuttgart
Volksbank Villingen
Volksbank Weinheim
Volksbank Wilhemshaven eG
VR-Bank Würzburg
Volkshochschulen
Vollack GmbH & Co. KG
Von den Besten profitieren

W

W. & L. Jordan GmbH
Wäscherei Schmidt GmbH
Walter Söhner GmbH & Co. KG
Wavetek GmbH
W. Dinkelaker Schönbuch Bräu KG
Wehlmann GmbH
Wehner Wohnbau Baubetr. GmbH
Weidmüller GmbH & Co. KG
Weinig AG Tauberbischofsheim
Weininsel Wohnbau GmbH
Welcome Hotels GmbH Warstein
Werbegemeinschaft Neufahrner
Schaufenster e.V.
Werkmeister Foto-Studio
Weserkurier
Wessling Holding GmbH & Co. KG
Western Store GmbH
Westfälische Provinzial Versicherung
Aktiengesellschaft
WEV AG Hausverwaltungsgesellschaft
Wienerberger Ziegelindustrie GmbH
WIFI Management Forum Wien
WIFI Vorarlberg
Wigro GmbH
Wingas GmbH
Wirtschaftsjunioren
Wirtschaftssymposium Aargau

WL Bank
WMS Treuhand Sozietät – Wilker,
Müller, Schnüpke und Partner GbR
WOB
Wochen Spiegel Verlags-
gesellschaft mbH + Co KG
Wohnbau Brugger & Schön
Wohnbau Gress GmbH
Wohnbaugesellschaft Hensel
Wohnungs- und Siedlungsbau Bayern
Wolfgang Ott GmbH
Womans, Fitness für Frauen3
WSB Wohnungs- und Siedlungsbau Bayern
WSW Software GmbH
WT Schlüsselfertig-Bau GmbH
Wunder Personaldienstleistungen GmbH
Wurster Wohnbau GmbH
Würth Elektronik GmbH & Co. KG
Würth Modyf
WVAO Wissenschaftliche Vereinigung der
deutschen Augenoptiker
WWK Lebensversicherung a. G.
WWK Versicherungen

X

X. Riebel Technik
Xella Deutschland GmbH
XXXLutz KG

Y

YSL Beaute GmbH

Z

Zambon GmbH
Zapf GmbH
Zeitungsverlag Neue Westfälische
GmbH & Co. KG
ZfU International Business School
Zoo & Co. Systemzentrale
ZWH – Zentralstelle für die Weiterbildung
im Handwerk e.V.
Zwickauer Schweißtechnik GmbH

Alle aktuellen Referenzen
und Termine finden Sie unter:
www.hermannscherer.com

HERMANN SCHERER
SPEAKER + BUSINESS EXPERT

ROAD SHOW

❝ Eine super gelungene Veranstaltung, zu der persona service da gestern geladen hatte. (...) Selbst wenn man sehr müde gewesen wäre – es blieb keine Chance einzuschlafen. Der Vortrag von Herrn Scherer glich einem Feuerwerk. Schon während der Veranstaltung habe ich mir fest vorgenommen, gleich im Anschluss zur nächsten Buchhandlung zu gehen, um nach dem Buch von Hermann Scherer zu suchen. Welch eine Überraschung, dass jeder Teilnehmer auch noch ein handsigniertes Exemplar geschenkt bekam. Herzlichen Dank für diese Einladung und den sehr gelungenen Nachmittag! ❞

KERSTIN FOLGER
AAIPharma Deutschland GmbH & Co. KG, Neu-Ulm

Wollen Sie Ihre Kunden auch deutschlandweit begeistern?

Begeistern auch Sie Ihre Kunden deutschlandweit! *persona service* hat das schwierige Wirtschaftsjahr 2009 konstruktiv genutzt: In einer exklusiven Veranstaltungsreihe »Chancenmanagement - Anders als die Anderen!« stimmte der Personaldienstleister seine Kunden auf die Chancen 2010 ein. Damit sie das Optimum aus dem Aufschwung herausholen. Auf einer Roadshow an 27 Veranstaltungsorten konnten über 2.800 begeisterte Teilnehmer der *persona service*-Geschäftsleitung den Top-Referenten Hermann Scherer live erleben.

ROADSHOW
PERSONA SERVICE VERWALTUNGS AG & CO. KG

Datum	Veranstaltungsort
01.09.2009	Münster
02.09.2009	Gelsenkirchen
03.09.2009	Köln
08.09.2009	Iserlohn
09.09.2009	Gummersbach
15.09.2009	Urbar bei Koblenz
22.09.2009	Mannheim
23.09.2009	Leipzig
24.09.2009	Würzburg
29.09.2009	Düsseldorf
30.09.2009	Königstein
01.10.2009	Radebeul (Dresden)
06.10.2009	Freiburg
07.10.2009	München
22.10.2009	Nürnberg
27.10.2009	Bremen
28.10.2009	Bielefeld
29.10.2009	Chemnitz
03.11.2009	Kassel
04.11.2009	Weimar
05.11.2009	Ludwigsburg
11.11.2009	Stuttgart
17.11.2009	Hannover
18.11.2009	Berlin
24.11.2009	Hamburg
25.11.2009	Donaueschingen
26.11.2009	Ulm

ROAD
SHOW

ROADSHOW
PERSONA SERVICE
VERWALTUNGS AG & CO. KG

Referenzschreiben
19. November 2009

Sehr geehrter Herr Scherer,

siebenundzwanzigmal zwischen dem 01.09.09 und dem 26.11.09 standen Sie bei den *persona service*-Fachforen »Chancenmanagement – Anders als die Anderen« vor einem begeisterten Publikum. Siebenundzwanzigmal erhielten wir im Anschluss in persönlichen Gesprächen und per E-Mail ein überwältigend positives Feedback. Stellvertretend für viele weitere nur drei Statements in Auszügen:

»Vielen Dank für die wunderbare Veranstaltung mit Hermann Scherer (...)! Neben wertvollen Impulsen für meine tägliche Arbeit habe ich viele positive Eindrücke auch für meine persönliche Weiterentwicklung mitgenommen.«

»Vielen Dank für den klasse Nachmittag. Wow! Jetzt ist es an uns, Berge zu versetzen, weil wir jetzt wissen, wir schaffen es – wenn wir wollen!«

»Herr Scherer und seine Vorträge haben mich nachhaltig beeindruckt. Seine Bücher werde ich lesen.«

Diese Reaktionen sind für uns der schlagende Beweis: Mit dem Entschluss, Ihr Thema »CQ Chancenmanagement – warum manche lebenslang Chancen suchen und andere sie täglich nutzen« aufzugreifen und Sie, lieber Herr Scherer, als Referenten zu engagieren, haben wir sprichwörtlich »ins Schwarze getroffen«. Die *persona service*-Fachforen, die wir 2009 zum achten Mal veranstaltet haben, erweisen sich damit erneut als Highlight für unsere Kunden wie auch für die anwesenden Mitarbeiter unseres Unternehmens. Insgesamt konnten wir bundesweit über 2.800 Teilnehmer begrüßen.

Als Veranstalter und Organisatoren hat uns Ihre ausgezeichnete Bühnenperformance gezeigt. Sie sind ein Experte Ihres Faches, ein brillanter Redner und ein mitreißender Entertainer. Sich »jenseits vom Mittelmaß« bewegen: Diese Botschaft, die Sie Ihren Zuhörern und Lesern mit auf den Weg geben – Sie selbst verkörpern sie am intensivsten.

Ungeachtet dieser Superlative gestaltete sich zugleich die Zusammenarbeit mit Ihnen bei der Vorbereitung und Durchführung der exklusiven Veranstaltungsreihe jederzeit konstruktiv, entgegenkommend, pragmatisch und »auf Augenhöhe«. Wir haben es im Besonderen geschätzt, dass Sie auf den Fachforen von der ersten Minute an den Kontakt zu unseren Kunden gesucht und gefunden haben. Diese »Umgänglichkeit« ist in unseren Augen Ausdruck ihrer hervorragenden »Dienstleistermentalität«. Für Sie stand immer im Vordergrund, die Fachforen zu einem Erfolg für *persona service* werden zu lassen. Darüber hinaus konnten wir auch bei anderen Fragestellungen von Ihrem exzellenten Wissen profitieren. Sie waren für uns jederzeit und in allen Belangen da.

Abschließend bedanken wir uns bei Ihnen sehr herzlich für Ihr Engagement. Selbstverständlich empfehlen wir Sie gerne weiter.

Für Ihre persönliche und berufliche Zukunft wünschen wir Ihnen alles Gute und wir hoffen, Sie werden sich mit ebenso guten Eindrücken an *persona service* erinnern wie wir uns an Sie.

Mit freundlichen Grüßen

persona service Verwaltungs AG & Co. KG
Geschäftsleitung

HERMANN SCHERER
SPEAKER + BUSINESS EXPERT

ZUFRIEDEN- HEITS GARANTIE

Jenseits vom Mittelmaß soll Ihre Zufriedenheit und Begeisterung sein! Jedem Zuhörer möchte ich wertvolle, umsetzbare Impulse, Inspiration, Information und Motivation vermitteln. Mitreißend und ansteckend – ein Erlebnisvortrag, der Sie nachhaltig mit Energie und Tatendrang stärkt.

»Dieser Erdenkreis gewährt noch Raum zu großen Taten.« Goethe, Faust
Mein Wunsch ist, dass Sie gewohnte Denkbahnen verlassen und mit Mut und Leidenschaft Ihre Ideen und Ziele angehen.

Meine persönliche Garantie, dass Sie (mehr als) zufrieden sein werden.

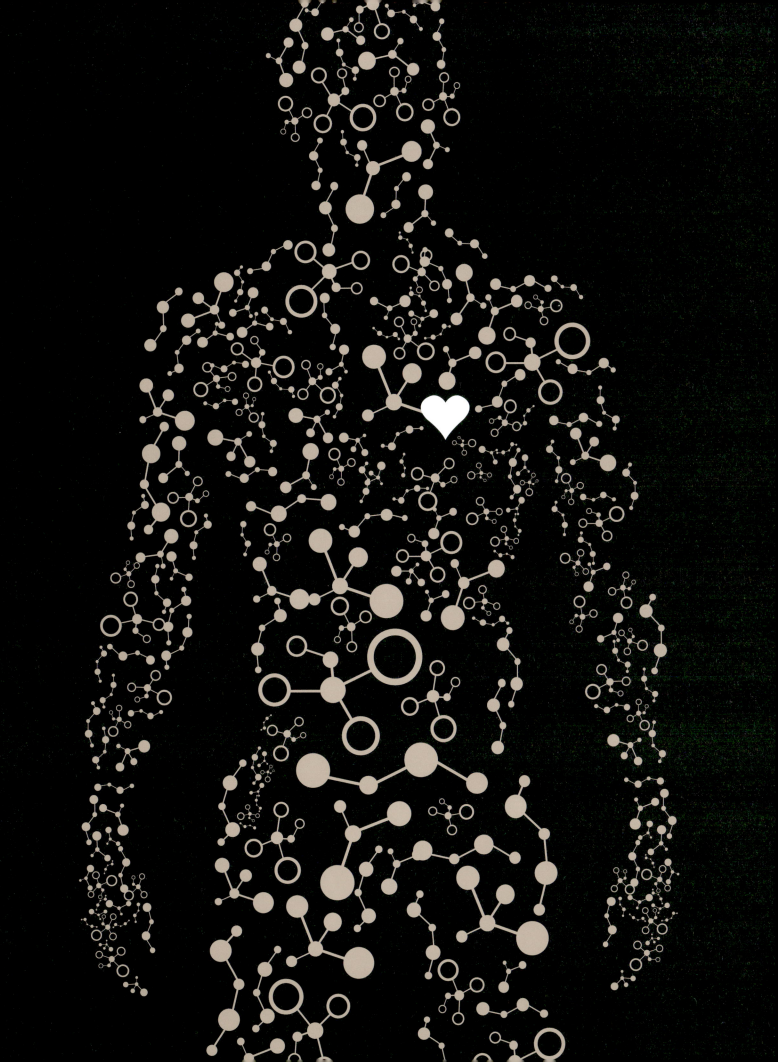

ZUFRIEDENHEITS
GARANTIE

War ein fulminanter Vortrag,
den Sie gehalten haben – Gratulation!!!
Gerd Rathmayer, bbe Handelsberatung GmbH

Der Vortrag war überaus interessant und wurde
von den Gästen in unserem Fragebogen sensationell bewertet.
93,94% der Tagungsgäste bewerteten Herrn Scherer als sehr gut,
5,7% als gut und 1,01% gaben keine Stimme ab. So ein
gutes Ergebnis hatten wir bis dato sehr selten.
Elisabeth Rhomberg, Vorarlberger Medienhaus

Von 99 verschickten Fragebogen haben 84 Teilnehmer geantwortet.
Ihr Referat hat mit der Bestnote von 5.7 abgeschlossen
(In der Schweiz ist die 6 die beste Note).
Tamara Leu, Assistentin CEO/Generalsekretär,
Neue Aargauer Bank AG, Schweiz

Ich habe noch nie so viel gelacht bei einem Vortrag.
Dubravka Milz, Visteon Deutschland GmbH

Es war Klasse!!!! Ein super Start!
Christiane Lohrmann, FOCUS

Der Vortrag von Herrn Scherer war mehr als eine Bereicherung.
Ulrich Zimmermann, General Manager,
Mövenpick Hotel Ulm/Neu-Ulm

Schwermütig kommt die letzte Auswertung
Ihres Vortrags aus Überlingen. Wie immer haben Sie die
Teilnehmer in Ihren Bann gezogen und mir fallen keine Worte
mehr ein, um das zu toppen, was ich bereits abermal gesagt habe.
Einfach spitze. Mit einem Schnitt von 1,4 dürfen Sie – wie
immer – den Leistungsbonus von 35% dazurechnen.
Gülcan Arslan, Steinbeis Career Center

Gerne erinnere ich mich an Ihren
mitreißenden Vortrag und dessen positive
Nachhaltigkeit. Ein wirklicher Gewinn
für die 2-tägige Veranstaltung!
Jörg Peter, Robert Bosch GmbH

Schon zum zweiten Mal konnte ich Ihren kurzweiligen
und lehrreichen Ausführungen lauschen und amüsiert
über die eigene Unfähigkeit, feststellen wie Recht
Sie doch in so vielen Punkten haben.
Dipl. Kfm. Marc Zabel, General Manager,
Baseline Communication GmbH

Gratulation zu Ihrem faszinierenden Auftritt in
der Kongresshalle in Augsburg vergangenen Montag
Abend! Ich bin 20 Jahre alt und studiere zurzeit an der LMU in
München. Sie haben Ihren Platz unter den Top 100 Speakers absolut
verdient. Ich habe schon 5 tolle Top 100 Referenten gehört,
aber Ihr Vortrag ist definitiv als Highlight anzusehen.
Nicole Schürmann

Vielen Dank für Ihre Hilfe! Es hat
alles prima geklappt. Unsere Gäste waren von
Herrn Scherer begeistert (wir auch…)!
Nicola Beck, Ivoclar Vivadent GmbH

Feedback: Ihr Vortrag ist bei unseren
Gästen fantastisch angekommen!
Thomas Andreas, WWK

Ich hab' noch nie so ein teures Seminar besucht
und bin mit so wenig Unterlagen nach Hause gefahren,
aber keine Angst ich fand es ›Bombe‹. Vielleicht muss man
Dir einfach ein Kompliment machen: Du bist die ›Bombe‹!
Nein im Ernst, Du hast das super gemacht.
Michael P. Melvin

Ein überwältigendes Verkaufsseminar, es hat
mich auch am Sonntag noch beschäftigt – ich habe
Gedankengänge weitergesponnen, Übungen im Geiste
fortgesetzt und fühle mich topfit. Mit freundlichen Grüßen
von einem wirklich begeisterten ›Seminaristen‹!
Wolfgang Kemptner, Überreuter Print
und Digimedia GmbH

Richten Sie Herrn Scherer einen lieben
Gruß aus und dass sein Vortrag spitze war.
Arcangela Moriello, Club Service Center

HERMANN SCHERER
SPEAKER + BUSINESS EXPERT

BÜCHER UND HÖRBÜCHER

❞❞ Es war für mich eine große Bereicherung, nach dem Lesen Ihres Buches, Sie auch noch live zum Thema Networking erleben zu dürfen. ❞❞

DANIA KEUSCH

Inhaberin und Geschäftsführung, keda

Seite 1

BÜCHER
UND
HÖRBÜCHER

Denken ist dumm
Wie Sie trotzdem klug handeln
Hermann Scherer
Gabal Verlag 2012, 184 Seiten
24,90 Euro

Jenseits vom Mittelmaß
Unternehmenserfolg im Verdrängungswettbewerb
Hermann Scherer
Gabal Verlag 2009, 352 Seiten
49,– Euro

Der Weg zum Top Speaker
Wie Trainer sich wandeln, um als Redner zu begeistern
Hermann Scherer
Gabal Verlag 2012, 340 Seiten
49,90 Euro

Jenseits vom Mittelmaß-Box
Hermann Scherer
2009
249,– Euro

Kleines Lexikon der Karten, Meilen, Punkte & Rabatte
First Class unterwegs zum Economypreis
Hermann Scherer
Gabal Verlag 2012, 222 Seiten
11,90 Euro

Jenseits vom Mittelmaß
Die Folien zum Vortrag
Hermann Scherer
Gabal Verlag, 2010
199,– Euro

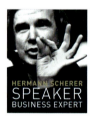
Hermann Scherer
Speaker und Business Expert
Hermann Scherer
Gabal Verlag 2012, 232 Seiten
29,90 Euro

Jenseits vom Mittelmaß
Die Folien zum Vortrag als DVD Schuber
Hermann Scherer
Gabal Verlag, 2010
249,– Euro

Glückskinder
Warum manche lebenslang Chancen suchen – und andere sie täglich nutzen
Hermann Scherer
Campus Verlag 2011, 237 Seiten
19,99 Euro

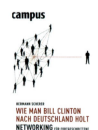
Wie man Bill Clinton nach Deutschland holt
Networking für Fortgeschrittene
Hermann Scherer
Campus Verlag 2006, 216 Seiten
24,90 Euro

Meine Kollegin und ich waren gestern Abend begeisterte Zuhörerinnen der Auftaktveranstaltung ›Von den Besten profitieren‹ mit dem Vortrag von Hermann Scherer in Chemnitz. Alles war bestens von allen Beteiligten organisiert und der Vortrag von Herrn Scherer Spitze – sowohl inhaltlich auch von der Art und Weise der Darbietung.
Kerstin Weißmann, Leitung Überfachliche Qualifizierung/Sprachen & Interkulturelles Management, Volkswagen Bildungsinstitut GmbH

Ihr Vortrag gestern beim tecis investment congress in Hamburg war mit Abstand der Beste den ich je gesehen habe. Selten hat jemand mir auf so eine fröhliche, lustige Art und Weise sein Wissen vermittelt. Vielen Dank und weiter so.
Volker Necker, tecis Finanzdienst-leistungen Aktiengesellschaft

Wir haben jetzt das Feedback der Foren-Teilnehmer ausgewertet. Hermann Scherer hat die mit Abstand besten Bewertungen aller Referenten erhalten.
Janina Hopfer, Education & Events, Immobilienscout24

Habe Sie vergangene Woche beim Roomy in Stuttgart erleben dürfen und war mit meinen Kollegen/Kunden einig, Ihren Vortrag als besten der Veranstaltung gesehen zu haben.
Norbert Wurth, Vertriebsleiter Forbo Flooring GmbH

Wir waren begeistert von Ihrer Gastfreundschaft und der guten Stimmung in Ihrem Hause. Es hat uns Spaß gemacht und tief beeindruckt, zu erleben mit welcher Professionalität und Begeisterung Sie unsere Texte in die Kameras gesprochen haben. Damit werden wir die AKUBIS-Teilnehmer überzeugend ansprechen und motivieren. Dafür ganz herzlichen Dank! Ich freue mich schon jetzt auf weitere gemeinsame Vorhaben!
Willi Murin, Mercedes Benz AG

Habe gerade mein Exemplar von ›Jenseits vom Mittelmaß‹ in Empfang genommen und bin begeistert von Optik-Format-Druckqualität-Umschlag! Da passt einfach alles. Wird schwer, das noch zu toppen.
Dr. Petra Begemann, Bücher für Wirtschaft und Management

Wie einer unserer großen Showmaster kann ich nur sagen: ›Das war Spitze!‹ Sie hatten die undankbare Aufgabe im letzten Vortrag des Tages, die Mannschaft nach vielen Eindrücken, Zahlen, Daten und Fakten aus den Gedanken ans Buffet und den Ausklang noch einmal aufzurütteln und zu begeistern – das ist Ihnen hervorragend gelungen. Ihre Gedanken und unkonventionellen Ansätze haben uns allen sehr gut gefallen.
Albrecht Dietrich,
Interflex Datensysteme GmbH & Co. KG

Ihr Vortrag hat mir wirklich sehr gut gefallen und neben dem Unterhaltungswert auch sehr viele Anregungen gegeben.
Leonhard Laue, Inhaber, Mail Boxes Etc.

Mit Ihrem Vortrag ›Spielregeln für die Pole-Position‹ setzen Sie einen fast unschlagbaren Maßstab. Ich habe seitdem keinen so interessanten, kurzweiligen und überzeugenden Vortrag gesehen.
Daniel Schulz

Möchte mich nochmals für die gelungene Veranstaltung bedanken.
Dipl.-Kfm. Petra Schwandt, Wirtschaftsbeauftragte, Stadt Illertissen

Habe gestern Ihr neues Buch erhalten: Es ist einfach nur genial gut.
Clemens Magerl

Das war vielleicht eine Überraschung, als der Postbote heute klingeln musste, weil das Päckchen für mich nicht in den Briefschlitz passte. Und dann halte ich plötzlich Ihr Buch in den Händen. Ich freue mich! Es ist genauso kurzweilig wie Ihr Vortrag. Doch ich werde Ihre lebendige Gebärde vermissen, Ihr Gehopse von einer Bühnenseite zur anderen, Ihre Stimme, wenn Sie ins Mikrofon zu beißen scheinen. Ihr Humor. Zum Glück habe ich den Vortrag gesehen!
Gabriele Karcher,
Karcher Möbeltransporte

Heute Ihren Vortrag bei WSS Aktiv Beraten in Rottweil gehört – lange nicht mehr so gern so lang zugehört. Machen Sie nur so weiter!
Christoph Tschirdewahn

Und dann waren Sie der Referent, der alle von der ersten bis zur letzen Minute in seinen Bann gezogen hat: brillant – gigantisch – phänomenal!
Martina Mayer-Rauh

BÜCHER
UND
HÖRBÜCHER

Das überzeugende Angebot:
**So gewinnen Sie gegen
Ihre Konkurrenz**
Hermann Scherer
Campus Verlag 2006, 191 Seiten
24,90 Euro

Jetzt komm ich!
**Wie Frauen durch Marketing in
eigener Sache nach oben kommen**
Sabine Asgodom und
Hermann Scherer
mvg Verlag 2001, 208 Seiten
19,90 Euro

Verkaufen mit dem
inneren Schweinehund
Dr. Marco Freiherr von Münchhausen und Hermann Scherer
Campus Verlag 2007,
Hardcover-Buch, 168 Seiten
14,90 Euro

Sie bekommen nicht,
was Sie verdienen, sondern
was Sie verhandeln
Hermann Scherer
Gabal Verlag 2002, 128 Seiten
17,90 Euro

Jeder Tag ist Schlussverkauf
**Das Rabattgesetz fällt – jetzt
mit Gewinn verhandeln!**
Hermann Scherer
Gabal Verlag 2001, 122 Seiten
10,90 Euro

Sie bekommen nicht,
was Sie verdienen, sondern
was Sie verhandeln
Sonderauflage
Hermann Scherer
Gabal Verlag 2002, 128 Seiten
17,90 Euro

Die kleinen Saboteure
**So managen Sie die inneren
Schweinehunde im Unternehmen**
Dr. Marco Freiherr von Münchhausen und Hermann Scherer
Campus Verlag 2003, 228 Seiten
24,90 Euro

Ganz einfach verkaufen
**Die 12 Phasen
des professionellen
Verkaufsgesprächs**
Hermann Scherer
Gabal Verlag 2003, 190 Seiten
17,90 Euro

Die kleinen Saboteure
Dr. Marco Freiherr von Münchhausen und Hermann Scherer
Piper Verlag 2005,
Taschenbuch, 208 Seiten
9,90 Euro

Das große Karrierehandbuch
Hermann Scherer u.a.
Campus Verlag 2008, 307 Seiten
24,90 Euro

BÜCHER
UND
HÖRBÜCHER

Von den Besten profitieren I
Erfolgswissen von 12 bekannten Management-Experten
Hermann Scherer
Gabal Verlag 2001, 287 Seiten
30,90 Euro

30 Minuten
Von den Besten profitieren
Sammelband
Gabal Verlag 2005
10 Bücher à 60 Seiten
39,90 Euro

Von den Besten profitieren II
Erfolgswissen von 14 bekannten Management-Experten
Hermann Scherer
Gabal Verlag 2002, 250 Seiten
30,90 Euro

30 Minuten für cleveres Einkaufen
Hermann Scherer
Gabal Verlag 2006, 80 Seiten
6,50 Euro

Von den Besten profitieren III
Erfolgswissen von 12 bekannten Management-Experten
Hermann Scherer
Gabal Verlag 2003, 287 Seiten
30,90 Euro

30 Minuten für erfolgreiches Verhandeln im Verkauf
Einmalige Sonderausgabe
Hermann Scherer
Gabal Verlag 2005, 80 Seiten
6,50 Euro

Von den Besten profitieren IV
Erfolgswissen von 12 bekannten Management-Experten
Hermann Scherer
Gabal Verlag 2003, 287 Seiten
30,90 Euro

30 Minuten für gezielte Fragetechnik
Hermann Scherer
Gabal Verlag 2003, 80 Seiten
6,50 Euro

Von den Besten profitieren
Sammelband
Hermann Scherer
Gabal Verlag 2007
Taschenbuchformat, 1160 Seiten
59,90 Euro

Die Erfolgsmacher
Von den Besten profitieren
Campus Verlag 2004, 32 Seiten
2,– Euro

Wenn man eine Einladung zu einem Vortrag erhält,
ist es häufig so, dass man zunächst einmal die Überlegung
anstellt, ob ›das‹ überhaupt etwas Interessantes sein kann.
Man hat ja in der Vergangenheit bei ähnlichen Veranstaltungen
hinterher das Gefühl gehabt: ›Schade um die Zeit‹.
Die ›Leidenschaft‹ mit der ich heute morgen ›die großen
Steine‹ bewegt habe, ist über den gestrigen Abend hinaus,
die Steigerung des Ganzen. Selten hat mich rückwirkend
ein Vortrag so bewegt, wie der des Herrn Scherer. Sicherlich
wird dieser Abend noch lange positiv nachhallen.
Franz Bschorr, B&R Werbetechnik

Hat unglaublich Spaß gemacht!!!
Philipp Zumsteg, Carl Götz GmbH

Unser Resümee ist sehr positiv: ›Der Beste,
den wir jemals hatten!‹ Besonders Ihre schnelle
Anpassungsfähigkeit an uns, eine sehr unterhaltsame
Vortragsart (sehr geschätzt und beliebt bei unseren
Kollegen) und zu guter Letzt ein natürlicher, naher
Umgang mit allen Teilnehmern. Vielen Dank!
Jens Kreßler, Creadance Service GbR

Den sicher kurzweiligsten Vortrag haben wir von dem
Autor und Business Experten Hermann Scherer gehört.
Gastronom Peter Häfner

Vielen Dank für den klasse Nachmittag.
Wow!!! Jetzt ist es an uns, die Berge
zu versetzen, weil wir jetzt wissen, wir
schaffen es – wenn wir wollen!!!
Jens Kreßler, Creadance Service GbR

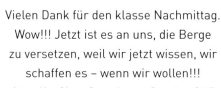

Die Redaktion von Managementbuch.de hat mehrere Ihrer
Bücher ausgezeichnet: ›Wie man Bill Clinton nach Deutschland holt‹,
›Sie bekommen nicht, was Sie verdienen, sondern was Sie verhandeln‹
und ›Das überzeugende Angebot‹ wurden von der Management-
buch.de-Redaktion als »Empfehlung« ausgezeichnet.
Ihr Buch ›Jenseits vom Mittelmaß‹ wurde als ›Testsieger‹
ausgezeichnet. Herzlichen Glückwunsch!
Wolfgang Hanfstein, Chefredakteur

Ja … ›Mut und Leidenschaft‹ waren einfach genial und motivierend
vorgetragen. Es hat super Spaß gemacht, Ihnen zuzuhören.
Heidi Schmitz, Sparkassen Consulting

Vielen Dank für die wunderbare Veranstaltung (...).
Der herzliche und warme Empfang sowie die ausgezeichnete
Organisation durch persona service in Kombination mit dem
exzellenten Vortrag von Herrn Scherer haben gezeigt,
was möglich ist, wenn man sich wie Sie dazu entschlossen hat,
Spitzenleistung in punkto Kundenbindung und -zufriedenheit
zu erreichen. (...) Neben wertvollen Impulsen für meine
tägliche Arbeit habe ich viele positive Eindrücke auch für
meine persönliche Weiterentwicklung mitgenommen.
Dafür möchte ich mich ausdrücklich bedanken!
Jürgen Witzendorff, LINK GmbH

Füge Ihnen die ersten
Feedbacks zu gestern Abend bei.
Es herrscht große Begeisterung
über Ihren Vortrag.
Ingrid Marold, Marold
Personalberatung

Vielen Dank für den tollen
Vortrag, ich habe selten einen
so mitreißenden Vortragenden
erlebt, wie Sie es sind!
Mag. Manuela Palotay,
Wirtschaftspsychologin

In seinem Buch ›Sie bekommen nicht, was Sie verdienen,
sondern, was Sie verhandeln‹ ... vermittelt Hermann Scherer,
worauf es einem Profi in geschäftlichen Verhandlungen
ankommen sollte. Das Bändchen ist eher für Fortgeschrittene geeignet als für blutjunge Anfänger.
faz

Wer in der Königsdisziplin ›Verkauf‹
tätig ist und emporsteigen will
zum professionellen Verkäufer,
erhält in diesem Buch (Ganz einfach
verkaufen) zahlreiche Anregungen, Tipps
und Trainingsinhalte, die sehr Erfolg
versprechend sind. In diesem Buch
wird einem sehr deutlich vor Augen
geführt, wie viele nicht erahnte
Bereiche der Verkaufsprozess umfasst.
Amazon Rezension

Vielen herzlichen Dank für die kurzweiligsten
105 Minuten meines Berufslebens.
Jens Thewke

Die kleinen Saboteure. Hermann Scherer entlarvt die Tricks und Taktiken
der kleinen Saboteure im Alltag und liefert handfeste Anregungen zur
Zähmung des inneren Schweinehundes. Eine ideale ›Unternehmens-
Motivationsdosis‹, um den Unternehmens-Erfolg vom Zufall
zu befreien. Ein optimales Buch für Führungskräfte – aber auch
Mitarbeiter, die den Unternehmens-Schweinehund erkennen
und nicht zum Feind, sondern zum Freund machen.
A. Schneider

BÜCHER
UND
HÖRBÜCHER

FOCUS Forum:
Die Erfolgsmacher

Von den Besten profitieren

FOCUS, Unternehmen Erfolg

Campus Verlag 2004, 208 Seiten

19,90 Euro

INTERNATIONALE BÜCHER

FOCUS Forum:
Die Erfolgsmacher II

Von den Besten profitieren

FOCUS, Unternehmen Erfolg

Campus Verlag 2005, 244 Seiten

19,90 Euro

Glücksinder

Polen

Korea

Russland

Taiwan

Unternehmensführerschein

Unternehmen Erfolg/
Hermann Scherer

Gabal Verlag 2005, 253 Seiten

24,90 Euro

Ganz einfach verkaufen

Tschechien

Coaching-Brief für
Spitzenleistungen im Verkauf

Hermann Scherer

Olzog Verlag 2001

48 Seiten inklusive Basiswissen

5,– Euro

30 Minuten für
gezielte Fragetechnik

China

Die kleinen Saboteure

Korea

BÜCHER
UND
HÖRBÜCHER

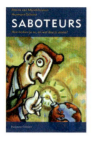
Die kleinen Saboteure
Niederlande

Die Erfolgsmacher
Brasilien

Die kleinen Saboteure
Spanien

Die Erfolgsmacher
Korea

Die kleinen Saboteure
Brasilien
Japan
Taiwan
Thailand

Wie man Bill Clinton nach
Deutschland holt
China

Jetzt komm' ich!
Estland

Wie man Bill Clinton nach
Deutschland holt
Korea

Jetzt komm' ich!
Korea

Gestern habe ich voller Spannung und
Interesse Ihrem Vortrag in Osnabrück gelauscht.
Ich habe so zu sagen an Ihren Lippen geklebt.
Einen so interessanten Vortrag von einem so tollen
Redner habe ich noch nie gehört. Großes Kompliment!
Die ganze Nacht musste ich über all die Anregungen
und Denkanstöße nachdenken. Ich habe beschlossen:
In meinem Leben muss sich was ändern. Sie haben
mir mit Ihrem Vortrag wieder Mut gemacht.
Sonja Elixmann

Gestern Abend ist Ihr Buch ›Jenseits vom
Mittelmaß‹ angekommen. Obwohl ich spät vom
Büro kam und noch meine Sachen für ein
Skiwochenende packen musste, wollte ich gleich
mal einen Blick rein werfen. Fazit: ich hab mich die
halbe Nacht dran fest gelesen und mich in die
vielen Ideen, Anregungen und Gedanken gestürzt.
Exzellent ebenfalls Aufmachung, Charts und
Darstellungen! Vielen Dank für dieses faszinierende
Werk und für den Mut, so ein umfassendes
Kompendium zu veröffentlichen. Und das
(als Schwabe sei mir der Hinweis gestattet...)
auch noch für so schmales Geld.
Michael Schell

Ich habe vor einigen Monaten Ihr Buch ›Wie man
Bill Clinton nach Deutschland holt‹ erworben und
festgestellt, dass dieses Buch mir mehr geholfen hat,
als die Bücher, die ich schon seit längerer Zeit hatte
und auch mehrere Male durchgelesen hatte. Sie haben
es bei mir persönlich auf den Punkt gebracht,
um mehr aus meinem Geschäft zu machen.
Mustafa Erel

Mit dieser Email wollte ich
Ihnen mein Kompliment für Ihr
gelungenes Buch aussprechen
und Ihnen berichten, welche bei
mir schon lange im Kopf vorhanden
Ideen, ich durch Ihr Buch motiviert,
in die weitere Umsetzung gebracht
habe. Ihr Buch hat also in mir ein
wahres Feuerwerk des Networking
entfacht. Ihnen nochmals ein großes
Kompliment für Ihr spannendes
Buch und die vielen erläuterten
Live-Beispiele, die mich persönlich
erweckt und zu neuen Schritten
im Networking angeregt haben.
Marcel Megerle, Zeppelin University

Sie haben mir einen unvergesslichen,
inspirierenden Abend bereitet! Ihr Vortrag
ist voller Witz und Energie und regt zum
Lachen und Nachdenken gleichermaßen
an, habe jede Menge Ideen und deren
Umsetzungs-Fahrplan festgehalten.
Annett Hering

Das Feedback war, wie schon
bescheiden vermutet, Spitze! –
Ihr Vortrag war ein voller Erfolg.
Bei diesem anspruchsvollen
Kunden freut dies ganz besonders.
Anette Gerling, Celebritiy
Speakers GmbH, Deutschland

„

Anbei darf ich Ihnen die Bewertung Ihres Seminars am 10.04.2008 in Bayreuth senden. Die Durchschnittsnote von 1,17 ist exzellent.
Hilmar Wollner, SchmidtColleg GmbH & Co. KG

„

Nach ca. 45 Minuten Ihres Vortrages in Hamburg wollte ich schon gehen. So viele Ideen hatten Sie eingebracht, die ich sofort umsetzen wollte. Ich entschied mich dann doch bis zum Ende zu bleiben. Somit wurde meine To-do-Liste noch länger.
Dr. Arno Langbehn, Gesellschafter, IfPD Institute for Product Development

„

Zum zweiten Male konnte ich begeistert Ihrem Vortrag zuhören. Es ist jedes Mal wieder ein Feuerwerk an Rhetorik, Esprit und Information. Vielen Dank.
Tilo Notka, Elektro-Meisterbetrieb e. K.

„

Ihr Buch ›Das überzeugende Angebot‹, ist eins der besten Bücher das ich je gelesen habe. Ihre Ratschläge waren für mich bares Geld.
Robert Ponta, Klagenfurt

„

Der Vortrag von Herrn Scherer hat keinesfalls nur einen ›bescheidenen Beitrag‹ zu unserer diesjährigen Vertreterversammlung beigetragen. Nein, es war eine deutliche Bereicherung für unser Haus, für unsere Vertreter und für unsere Gäste auf der Versammlung. Wir haben den Vortrag genossen und sehen die Inhalte als weiteren Baustein für das Fortkommen, für den Erfolg, für die Philosophie und für den Qualitätsanspruch unserer Volksbank Oldenburg. Ebenso erhielten wir positives Feedback, Meinungen und Stimmen von den Vertretern, von den Mitarbeitern unseres Hauses sowie von Mitgliedern des Aufsichtsrates. Gerne haben wir unser Vertrauen Herrn Scherer und Ihrem Haus entgegengebracht.
Helmut Bischoff, Volksbank Ammerland-Süd

„

Vor über einem Jahr habe ich einen Vortrag von Ihnen besucht. Die positive Wirkung hält immer noch an.
Michael Krell, Schenker Deutschland AG

„

Ein ganz herzliches Dankeschön für den unermüdlichen Einsatz im Rahmen des St. Gallener Management Seminars. Laut Auswertung waren unsere Teilnehmer wieder begeistert.
Stefanie Sigloch, Steinbeis Career Center

"

BÜCHER
UND
HÖRBÜCHER

Glückskinder
Warum manche lebenslang Chancen suchen – und andere sie täglich nutzen
Hermann Scherer
Hörbuch, Campus Verlag 2012
19,99 Euro

Spielregeln für die Pole-Position
So stellen Sie sich auf für die Märkte von morgen
Hermann Scherer
Hörbuch, 1 CD
Campus Verlag 2005
7,95 Euro

Ganz einfach verkaufen
Die 12 Phasen des professionellen Verkaufsgesprächs
Hermann Scherer
Hörbuch, 3 CDs
GABAL Verlag 2009
29,90 Euro

FOCUS Forum: Die Erfolgsmacher II
Von den Besten profitieren
Hermann Scherer
4 Audio-CDs
Campus Verlag 2005
29,90 Euro

Wie man Bill Clinton nach Deutschland holt
Networking für Fortgeschrittene
Hermann Scherer
Hörbuch, 2 CDs
Campus Verlag 2008
19,95 Euro

FOCUS Forum: Die Erfolgsmacher
Von den Besten profitieren
Hermann Scherer
4 Audio-CDs
Campus Verlag 2004
29,90 Euro

30 Minuten Fragetechnik
Hermann Scherer
Hörbuch, 1 Audio-CD
GABAL Verlag 2007
16,90 Euro

Die kleinen Saboteure
So managen Sie die inneren Schweinehunde im Unternehmen
Dr. Marco Freiherr von Münchhausen und Hermann Scherer
Hörbuch, Campus Verlag 2004
19,90 Euro

Sie bekommen nicht, was Sie verdienen, sondern was Sie verhandeln
Hermann Scherer
Hörbuch, 3 CDs
GABAL Verlag 2006
25,90 Euro

Von den Besten profitieren
Erfolgswissen von 12 bekannten Management-Experten
Hermann Scherer
Hörbuch, 6 CDs
GABAL Verlag 2002
76,90 Euro

HERMANN SCHERER
SPEAKER + BUSINESS EXPERT

ERLESENE WEITER-BILDUNG

❝ Ihr Buch ist der absolute Knüller. Auch wenn ich es noch nicht ganz gelesen habe, so ist es auf den ersten Seiten schon ein absolutes MUSS es weiter zu lesen. Die Aufmachung und die Lesefreundlichkeit rundet das Buch letztendlich ab. So hoffe ich doch auf ein baldiges Wiedersehen, da ich noch immer von Ihrer Person, Ihrem motivierenden Vortrag und Ihren Ideen begeistert bin. ❞

ANDREAS KLEMENT
Trainer und Partner der Schwäbisch Hall Training

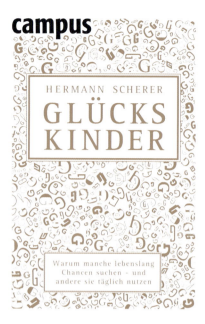

GLÜCKSKINDER
WARUM MANCHE LEBENSLANG CHANCEN SUCHEN – UND ANDERE SIE TÄGLICH NUTZEN

Hermann Scherer
Campus Verlag 2011

Stern 09.2011
Bestseller der Woche

BESTSELLER DER WOCHE SACHBÜCHER

Hamburger Abendblatt 12.2011
Die zehn besten Karrierebücher

Platz 1 auf Amazon

Gleich am Erscheinungstag ist das Buch »Glückskinder« bei Amazon auf Platz 1! Nicht nur auf Platz 1 in den Kategorien Erfolg, Job und Karriere, Business und Karriere, etc. – sondern auf Platz 1 aller Bücher überhaupt! Die erste Auflage war bereits vor dem offiziellen Erscheinungstermin ausverkauft. Das Buch zählt laut Hamburger Abendblatt zu den 10 wichtigsten Karrierebüchern 2011 und erschien auf diversen Bestsellerlisten, unter anderem auf der Bestsellerliste des Magazins »Stern«.

Worin liegt das Geheimnis ungewöhnlich erfolgreicher Menschen? Hermann Scherer hat sich auf ihre Spur begeben und ihre besondere Fähigkeit entdeckt: Chancenintelligenz. In seinem neuen Buch erklärt der Autor, wie man die Chancen, die das Leben bietet, erkennt und nutzt. Es gibt Menschen, deren Ideen, Projekte und Lebensleistungen uns immer wieder zutiefst verblüffen und höchste Bewunderung abverlangen. Menschen, die offenbar alles richtig machen und denen alles gelingt was sie angehen. Menschen, die vor Kreativität, Brillanz und Charisma nur so sprühen. Menschen, die selbst unter widrigen Bedingungen anderen immer um eine Nasenlänge voraus sind und die teils extreme Lebenswege hinter sich haben. Vom Metzger-Lehrling zum TV-Revolutionär, vom steinewerfenden Taxifahrer zum Außenminister, vom Bedürftigenstipendiaten zum amerikanischen Präsidenten. Wie machen die das?

Hermann Scherer hat genau hingesehen und erklärt in seinem neuen Buch, was diese speziellen Erfolgsmenschen auszeichnet und was sie anders machen als andere. Denn keinesfalls haben solche »Glückskinder« einfach nur zufällig mehr Glück im Leben. Vielmehr besitzen sie eine besondere Fähigkeit: Sie sind in der Lage, die Chancen, die vor ihnen liegen, zu erkennen und zu nutzen. Das bezeichnet Hermann Scherer als Chancenintelligenz.

Menschen mit diesem besonderen Chancenblick verfügen über ein sensibles Gespür für Situationen, sie haben den Mut, Regeln zu brechen und sie gehen nonkonformistisch durchs Leben. Weil eine Chance nichts anderes ist als eine Betrachtungsweise des Alltags, sehen und ergreifen Glückskinder auch Chancen in scheinbar unbedeutenden oder gar ausweglosen Situationen.

Der Autor erzählt anhand vieler Beispiele die Geschichten solcher Glückskinder und zeigt, was wir von ihnen lernen können. Er erzählt auch von sich selbst und seinen eigenen Erfahrungen, vom Zweifel und von der Angst zu scheitern, aber ebenso von Selbstvertrauen und vom Finden des eigenen Wegs abseits des Mainstreams. Hermann Scherer hat ein sehr authentisches und persönliches Buch für alle geschrieben, die ihr Lebensglück nicht von anderen Menschen oder äußeren Umständen abhängig machen wollen. Die Botschaft: Glück ist eine Art zu leben.

Über 2.000 Vorträge vor rund einer halben Million Menschen, 30 Bücher in 18 Sprachen, über 1.000 Presseveröffentlichungen, dutzende Hochschulvorlesungen, erfolgreiche Firmengründungen, eine anhaltende Beratertätigkeit und immer neue Ziele – das ist Hermann Scherer. Er lebt in Zürich und ist in der Welt zu Hause, wo er mit seinen mitreißenden Auftritten Säle füllt. Der Autor, Wissenschaftler und Business-Philosoph »zählt zu den Besten seines Faches« (Süddeutsche Zeitung).

Klappentext

Der Fisch springt nicht an den Haken und das Reh läuft nicht vor die Flinte. Genauso will auch die Chance gejagt sein. Glückskinder wissen das. Statt darauf zu warten, dass ihnen alles Gute einfach in den Schoß fällt, setzen sie ihre Chancenintelligenz ein: die Fähigkeit, Chancen zu erkennen und zu nutzen – und zwar die richtigen! Klingt banal? Warum sind wir dann nicht längst alle Glückskinder? Lassen Sie sich von Hermann Scherer berühren, wachrütteln und begeistern. Und werden Sie selbst zum Glückskind!

Wer nicht innerhalb der Norm funktioniert, wird belächelt, keiner nimmt ihn ernst.

Durchbrüche
Warum Verwirrung unser bester Zustand ist

150 Athleten wippen in ihren Laufschuhen, lockern die Nackenmuskulatur und die Oberschenkel, atmen durch, konzentrieren sich. Kameras surren, Fotoapparate klicken. Gleich geht es los! Gleich startet einer der härtesten Wettkämpfe weltweit. Wir sind in Sydney, das Ziel ist Melbourne. Dazwischen liegen 544 Meilen, 875 Kilometer, das Rennen heißt Ultra-Marathon 1983. Getrunken und gegessen wird unterwegs. Pausen gibt's nur für ein paar Stunden Schlaf und zur Massage der steinharten Muskeln.

Doch wer ist das, wer stört hier das Bild? Wer hat sich denn da zu den Sportlern verirrt? Will dieser ältere Herr etwa mitlaufen? Der sieht aus wie ein Bauer! Overall und Arbeitsstiefel. Was für ein Witzbold! Kann man einen fünftägigen Laufwettbewerb in Gummistiefeln laufen? Natürlich nicht. Kann man mit 61 Jahren innerhalb einer Woche 875 Kilometer lang laufen? Das kann kaum ein 20-Jähriger, also ganz klar: Nein. Kann ein Landwirt ernsthaft gegen trainierte Top-Athleten antreten? No way.

Also muss es sich um einen Scherz handeln. So ist das. Wer nicht innerhalb der Norm funktioniert, wird belächelt, keiner nimmt ihn ernst.

Aber Cliff Young ist das egal. Ohne zu zögern und offenbar ohne sich der Skurrilität seines Auftritts bewusst zu sein, geht er selbstsicher zur Organisatoren-Riege und holt sich seine Startnummer. Denn er ist nicht hierher gekommen, um zuzusehen. Cliff will in seinem Alter, in seinem Aufzug tatsächlich mitlaufen.

»Sie sind verrückt. Sie werden bei diesem Rennen niemals bis zum Ende durchhalten!«

»Aber sicher doch werde ich das.« Cliff lächelt freundlich – und den Reportern, den Veranstaltern, den Zuschauern bleibt vor Entsetzen der Mund offen stehen.

Startschuss. Die 20- und 30-Jährigen preschen los. Cliff bleibt von Anfang an scheinbar hoffnungslos zurück.

»Das ist aber auch kein Wunder! Habt ihr gesehen, was der Kerl für einen ulkigen Schritt draufhat?«

»Yeah, das sieht ja aus, als würden ihm ständig seine Gummibeine davonrutschen!«

Die belustigten Zaungäste des Super-Rennens haben gerade einer Welt-Premiere beigewohnt. Jene merkwürdige Art sich fortzubewegen, die so viel Heiterkeit auslöst, ist der Cliff-Young-Shuffle. Er wird über Jahrzehnte hinweg die Läufer-Szene beschäftigen, er wird zahllose Nachahmer finden, er wird – wie Cliff Young selbst – zur Legende werden.

Denn Cliff läuft mit diesem Schritt wie ein Uhrwerk.

»Wir haben 2 000 Schafe zu Hause, auf 2 000 Morgen Land«, erzählt er den Reportern. »Um die Tiere zusammenzutreiben, brauche ich manchmal zwei oder drei Tage.«
Cliff meint das wörtlich. Wann immer ein Sturm aufkommt, setzt er sich in Bewegung. Ohne Unterlass, Tag und Nacht. Dass so etwas nicht geht, hat ihm einfach keiner gesagt. Genauso wenig scheint sich Cliff bewusst zu sein, dass die Läufer des Sydney-Melbourne-Ultramarathons sich dringend nachts von ihren Strapazen erholen müssen. 18 Stunden Schritt für Schritt auf hartem Asphalt, in Staubluft oder Regen – da müssen mindestens sechs Stunden Schlaf einfach sein. Nicht für Cliff. Er hat draußen auf dem Land keinen Schlaf gebraucht, wenn es um seine geliebten Schafe ging. Warum soll er sich jetzt beim Rennen ausruhen? Donnerhall, Blitzkanonade und tosender Nachtsturm – er stellt sich einfach bildlich vor, dass er beim Rennen nicht gegen Läufer läuft, sondern seine im Unwetter verirrten, verängstigten Schafe zusammentreibt. Und er kann auf seine Technik vertrauen: Der Cliff-Young-Shuffle, so stellt sich später heraus, ist eine enorm schonende Art, voranzukommen. Cliff kann es sich leisten, zurückzufallen, schließlich holt er immer wieder auf, während die andern pausieren. Bis er an der Spitze steht.
Melbourne, fünf Tage, 15 Stunden, vier Minuten nach dem Startschuss: Cliff Young gewinnt. Dass er 10 000 Dollar Siegesprämie erhält, ist unbedeutend angesichts der Tatsache, dass er weit über den Sport hinaus zu einer Ikone wird. Cliff Young – das ist der Mann, der das Unmögliche geschafft hat.

Der Chancenblick
Um als Läufer erfolgreich zu sein, können Sie einfach auch mehr trainieren und Ihre Laufleistung Jahr für Jahr um 5 Prozent steigern. Auch das kann Sie im Laufe der Jahre enorm erfolgreich machen. Schafe jagen und Gummistiefel anziehen, ist bestimmt kein Erfolgsrezept. Und ich empfehle Ihnen nicht, Ihre Firma besser zu führen, indem Sie in Hausschuhen zum Meeting gehen und dort Trillerpfeifen blasen. Auch wenn solche magischen Momente wie der in Melbourne 1983 so faszinierend wie unerklärlich für alle Außenstehenden sind: Es geht nicht darum, einfach nur verrückt zu spielen, einfach nur anders zu sein als alle anderen.

Wer versucht, anders zu sein als alle anderen, orientiert sich doch genauso wie all die Mitläufer am Mainstream – nur eben anders herum. Anders zu sein, kann eine Alleinstellung verleihen, Aufmerksamkeit generieren, und wenn man es geschickt anstellt, die Grundlage für reichlich Erfolg sein. Keine Frage.

Hab ich noch nie gemacht? Kein Problem. Hat noch nie irgendjemand gemacht? Okay, na und?

Aber mir geht es hier um etwas anderes: Nicht um Erfolg durch lineare Steigerung und nicht um Erfolg durch eine Anti-Gewöhnlichkeitsstrategie. Beides ist gut und richtig und zu beidem wurden schon genug Bücher geschrieben, auch von mir selbst. Ich meine hier eine andere Spezies: Glückskinder. Wie Cliff Young. Die machen nicht mehr vom Gleichen, und die machen nicht alles anders. Denen ist es nämlich völlig egal, wie man das so macht, was Usus ist, wie es geht, wie es gelehrt wird, wie es zu funktionieren hat.

Wer sich wie ich fragt, wie es sein kann, dass manchen Menschen ein Durchbruch gelingt, wo alle anderen nur eine unüberwindbare Mauer sehen, muss näher hinschauen, in die Leute hineinschauen, um zu verstehen, warum sie tun, was noch keiner vor ihnen getan hat.

Wieso schert es sie keinen Deut, was die anderen denken? Wie die anderen sie belächeln und vielleicht sogar auslachen, nur weil sie sich nicht an die unausgesprochenen Regeln halten? Solche Menschen sind offensichtlich vor allem eines: fokussiert. Sie leben in diesen magischen Momenten radikal aus dem Inneren heraus. Handeln vollkommen klar nach ihrer inneren Überzeugung und sind völlig frei von äußeren sozialen Zwängen und inneren Bremsen.

Und sie machen sich frei von ihrer eigenen Geschichte, von der Geschichte aller. Hab ich noch nie gemacht? Kein Problem. Hat noch nie irgendjemand gemacht? Okay, na und?

Durch diesen unbeirrbaren Fokus haben diese besonderen Menschen einen naiven kindlich-einfachen Blick für die Lücke in der Mauer, anstatt auf die pure Masse der Steine zu starren. Tests belegen, dass bei einer schier unausweichlichen Kollision diejenigen Autofahrer die höchsten Überlebenschancen haben, die sich gerade nicht auf ein plötzlich entgegenkommendes Fahrzeug konzentrieren, sondern auf die rettende Lücke.

Glückskinder haben diese Fähigkeit entweder in die Wiege gelegt bekommen oder erlernt, auf jeden Fall aber perfektioniert: Sie sind durch und durch lösungsorientiert, weit über die Grenzen der Wahrscheinlichkeitsrechnung hinaus, weil sie sich nur für die Lösung und für sonst gar nichts interessieren.

»Never change a running system« – wenn sich wirklich alle an diese Binsenweisheit der IT-Welt gehalten hätten, dann wäre der PC gar nicht erst erfunden worden. Der Marktgigant IBM glaubte nämlich lange Jahre nur an den Computer als aufwändige Firmenlösung. Ein preiswerter Heimrechner für den Massengebrauch – so etwas war doch allenfalls die lächerliche Idee einiger Spinner. Apple, ein verschrobenes Start-up mit einem bunten angebissenen Apfel als Markenzeichen erntete zwar ab 1977 erste kommerzielle Erfolge mit solch einem seltsamen Produkt. Doch davon ließ sich die Chefetage des Markt beherrschenden Giganten noch lange nicht irritieren.

Es brauchte schon eine kleine Verschwörung, um 1980 im IBM-Forschungslabor in Boca Raton an der legendären Bürokratie des ITRiesen vorbei den Personal Computer zu entwickeln. 1981 wurde der IBM 5150 PC vorgestellt. Gerade mal auf 250 000 Exemplare bezifferten die Vertriebsfachleute den möglichen Absatz. Es wurde ein Siegeszug – wider alle Prognosen.

Die Zukunft ist eben niemals die lineare Fortsetzung von Vergangenheit und Gegenwart. Trotzdem: Wir alle lieben doch die Linearität! Ich ja auch. Sie funktioniert einfach. Nicht umsonst sorgen wir dafür, dass unser Lebenslauf glatt und perfekt aussieht beim Bewerbungsgespräch, alle Veränderungen im Leben sollen im Nachhinein so aussehen, als wären sie ursprünglich geplant gewesen. Das Leben läuft zwar nicht so – und jeder weiß es –, aber der Hang zur Linearität ist in uns so mächtig, dass wir sie lieber konstruieren, als auf sie zu verzichten. Die Chancen im Leben kommen aber nicht aus dem Linearen! Mehr vom Gleichen ergibt einfach nur mehr vom Gleichen. Natürlich brauchen wir die Gewohnheit, die stillschweigenden Verabredungen, die Zwänge und Bindungen unserer Geschichte und unserer Gemeinschaft. Keine Frage. Denn wenn es nur noch Durchbrüche gäbe, nur noch nichtlineare Sprünge, dann hätten wir nichts als Chaos. Aber bisweilen müssen wir die Linearität zerstören. Wir sind so. Ein paar Mal im Leben genügt, aber ab und zu brauchen wir einen Durchbruch, sonst schmeckt das Leben fad.

Der Moment des Durchbruchs, der totalen Verwirrung, des dekonstruierten Musters, ist der Moment der totalen Freiheit. Das sind vielleicht die einzigen Momente, die wirklich lebenswert sind. Das soll nicht heißen, dass Sie alles auf den Kopf stellen sollen um des Auf-den-Kopf-Stellens wegen! Aber ab und zu ein kleines Chaos, um neue Kraft zu schöpfen, um alle Akkus wieder aufzuladen, um noch mal etwas von vorn zu beginnen … ist es nicht unsere Pflicht, die lineare Lebenskette vielleicht zehnmal im Leben zu durchbrechen?

Drei-Wege-Katalysatoren

Mitte der 90er Jahre arbeitete ich mit und für die Management Design Group in Kalifornien. Die Gruppe veranstaltete Seminare für Manager mit durchschnittlich 20 Teilnehmern, die sich insgesamt für zehn Tage trafen, verteilt auf vier Termine, beispielsweise in Frankreich, England, Schweden und USA. Der Seminarpreis lag damals bei über 80 000 Dollar pro Person. Zuzüglich Reisekosten. Ich fragte neugierig, welches Ziel mit den Seminaren verfolgt werden sollte. Die Antwort darauf war kurz und knapp: Wir wollen den Verwirrungsgrad unser Teilnehmer erhöhen. Ich entgegnete, dass ich das schon für 79 000 Dollar schaffen würde, war aber voller Anerkennung für dieses Ziel. Denn eines ist goldrichtig: Verwirrung fördert Durchbrüche.

HERMANN SCHERER
GLÜCKS KINDER

Wer sich ›Glückskinder‹ bestellt,
sollte die Folgen bedenken:
Denn Sie werden elektrisiert sein,
von den Ideen und der Kraft, die dieses
Buch versprüht und gibt. Wer also eine
gemütliche Gute-Nacht-Lektüre sucht,
sollte besser zu etwas Seichterem
greifen. Wer seine Lebenszeit voll
ausschöpfen, die eigenen Lebenschancen
nutzen und dem persönlichem Glück
und Erfolg noch näher kommen möchte,
der sollte ordern und die inspirierende
Wirkung genießen. Ich wünsche
Ihnen viel Freude beim Lesen!
PS: Mein Kompliment an den
Autor Herr Scherer für den
packenden Schreibstil.

Prof. Dr. W. Stoltera · Frankfurt

Ein wundervolles Buch mit inspirierender Wirkung,
um Dinge des Lebens neue zu denken und ein Bewusstsein
für den eigenen Chancenblick zu entwickeln.Hier ein schönes
Zitat aus Glückskinder: "Wir sollten im Leben öfter auf unser
inneres Empire State Building steigen, um von oben auf die
Brocken zu sehen, die da vor uns liegen – Draufblick schafft
Durchblick. Dann sehen wir nicht nur die Probleme,
sondern auch die Lösungen.

L. Vollinger · Bremen

Da mir dieses Buch von Bekannten empfohlen wurde,
hatte ich sehr hohe Erwartungen. Es passiert selten,
dass solche Erwartungen dann nochmals übertroffen werden.
Genau das ist mir mit ›Glückskinder‹ passiert. Ich habe es
an nur einem Wochenende ausgelesen.Man kann dieses Buch
schlecht mit anderen Büchern vergleichen, da es so anders ist.
Deshalb fällt es auch nicht leicht, die aus meiner Sicht fesselnden
Inhalte zu beschreiben: Es geht um loslassen, querdenken,
verändern und den Mut haben, Dinge anders als andere zu machen
und sich nicht immer im Durchschnittsbereich zu tummeln.
Mein Extratipp an alle Leser: Übertragen Sie die sehr guten und
nicht selten aufs Geschäftsleben bezogenen Beispiele auf
Ihre Situation: Ob Sportclub, Kunstverein oder Urlaub.
Übrigens ist die Lektüre sehr gefällig und amüsant geschrieben.
Auch hier wurden meine hohen Erwartungen übertroffen.

Dr. Junge · Hamburg

Zufällig bin ich auf diese Publikation
aufmerksam geworden – und habe es
an einem Wochenende verschlungen.
Ich hätte mir gewünscht, es schon vor
20 Jahren gelesen zu haben, dann
hätte ich wahrscheinlich einiges in
meinem Leben anders gemacht.
Nun, die Zeit kann man nicht zurück-
drehen, aber man kann sie ab sofort
besser nutzen. Das werde ich tun.
Mein Dank gilt dem Autor!

R. Kress · Esslingen

LESE
PROBE

> Die Schokolade wird noch zarter. Die Bruchstellen lassen sich noch leichter brechen. In der Fachsprache nennt man das dann Relaunch.

Um diesem Geheimnis auf die Spur zu kommen, lohnt es sich, nacheinander drei Wege in Gedanken zu bereisen. Der erste Weg ist der Weg der Mittelmäßigen. Der geht so: Eine mittelmäßige Schokolade kommt eines Tages an das Ende ihres Produktlebenszyklus. Das heißt nichts anderes, als dass die Absatzzahlen nicht mehr so toll sind und der wirtschaftliche Exitus droht. Darum beginnt der Hersteller gerade noch rechtzeitig, das Produkt zu verbessern. In der Fachsprache nennt man das dann Relaunch. Die Schokolade wird noch zarter. Die Verpackung wird auf modern getrimmt. Die Bruchstellen lassen sich noch leichter brechen. Die Nussstückchen sind einen Tick gröber, weil die Marktforschung das nahe gelegt hat. Die geliftete, mit Botox unterspritzte und neu eingekleidete Schokolade ist nach ihrem Anti-Aging-Programm dann wieder genau da, wo sie vorher war: im Mittelmaß. Aber immerhin: Sie hält sich.

Auch Menschen agieren so, im Beruf nennt man das Karriereplanung. In der Karriere strebt man nach Verbesserung, auch wenn man selbst keine bringt, bei Unternehmen verändert man das Portfolio, bei Fußballmannschaften trainiert man fleißig und kauft im Rahmen der Möglichkeiten im Sommer einen neuen Spieler. Man unterzieht alles einem kontinuierlichen Verbesserungsprozess und bleibt am Ball. Wenn Sie sich einen Menschen, eine Marke, ein Unternehmen von oben betrachtet vorstellen, sehen Sie einen Zeitstrahl, die Jahre des Lebens, die vergangenen und vielleicht auch die hoffentlich noch vor uns liegenden. Und Sie sehen: den Fortschritt, die jährliche Verbesserung, die Veränderung, den »Zuwachs«. Nun, wenn wir in den letzten Jahren immer schön kontinuierlich jedes Jahr 5 Prozent Wachstum hatten, dann liegt es nahe, auch für das kommende Jahr die 5 Prozent zu planen, oder? Nein, noch besser: Sie lesen gerade eine gutes Buch, sind motiviert, eine Steigerung von 6, 7 oder gar 8 Prozent einzuplanen. Gratuliere! Ganz egal, ob es dabei um Ihre Umsätze, Marktanteile oder persönlichen Fähigkeiten oder Ihr Lebensgefühl geht. Das ist eine ganz typische Entwicklung. Jedes Jahr geht es wieder einen Schritt voran. Mensch, Marke oder Unternehmen wächst und gedeiht. Es ist ein gutes Business-Modell, positiv und seriös. Business as usual. Daran ist nichts Schlechtes – im Gegenteil: Viele wären froh, wenn die persönliche oder unternehmerische Entwicklung so wäre. Es ist nur – langweilig!

> Mit der Verbesserung des Produkts, der Performance des Lebens beginnen, bevor es bereits wieder bergab geht.

Der zweite Weg ist der ambitionierte Weg. Dabei geht es darum, mit der Verbesserung des Produkts, der Performance des Lebens schon zu beginnen, bevor es bereits wieder bergab geht. Am liebsten möchte man schon am Höhepunkt der Entwicklung eingreifen und alles so verbessern, dass ein Kurvenabfall ausgeschlossen ist. Statt die Schokolade zarter zu machen, wird sie mit einer Zartcreme gefüllt, statt Botox gibt's Sport oder das Skalpell und für die Karriere besucht man frühzeitig eine dieser zahlreichen Managerlounges und Netzwerktreffen, in denen man sich (un)gezwungen, (un)beschwert, (un)gestört unterhalten und anbiedern kann. Unternehmer machen das, was in der Fachsprache Benchmarking heißt.

Angenommen, Sie würden sich in einem Wettrennen so perfekt am Führenden orientieren, dass Sie es ihm gleichtun könnten und alle anderen im Feld überholten. Auf welchem Platz wären Sie dann, wenn Sie schließlich den Zweitplazierten überholt hätten? Eben: Zweiter. Und dann? Können Sie auf diese Weise Erster werden?

Man kupfert heute ab, was die erfolgreichsten vorgestern als »Best Practice« initiiert haben.

Man kupfert also heute ab, was die erfolgreichsten vorgestern als »Best Practice« initiiert haben, um gestern an der Spitze zu stehen. Damit schafft man es dann morgen vielleicht an die zweite, dritte oder vierte Position, denn der Marktführer ist ja mittlerweile schon wieder Lichtjahre weiter. Aber immerhin! Zweiter, Dritter oder Vierter ist so lange nicht Letzter, solange es Fünfte, Sechste und Siebte gibt, die es nicht einmal schaffen, die gestrigen Erfolgsstrategien zu kopieren. Das Problem ist: Gekauft wird trotzdem beim Ersten. Das ist nicht nur das Prinzip im Business, sondern auch beim Wettkampf der Spermien um die Eizelle, bei der Eheschließung oder beim Präsidentschaftswahlkampf.

Wem der ambitionierte Weg zu aufregend ist, der wählt gar statt »Best Practice« die allgemein anerkannte »Good Practice« – nur um ja keine Verwirrung zu stiften! Mit anderen Worten: Der macht, was man halt macht. Und bekommt, was man halt bekommt: durchschnittliche Erlöse, durchschnittliche Anerkennung, durchschnittliche Aufmerksamkeit. Ein Glückskind wird man so allerdings nicht.

Der dritte Weg ist der unglaubliche Weg. Der Weg des Durchbruchs. Er erfordert unwahrscheinlichen Mut. Und totale Verwirrung. Denn diesen Weg zu beschreiten, bedeutet, völlig irrational eine radikale Veränderung zu versuchen, während der Gipfel des Erfolgs aus den Entscheidungen der Vergangenheit noch gar nicht erreicht wurde. Mitten auf dem Erfolgspfad schlägt sich ein solcher Durchbrecher in die Büsche und versucht das Unmögliche. Dazu braucht es mehr als rationale Entscheidungskraft. Dazu braucht es den Mut, mit der eigenen Geschichte zu brechen.

Dazu braucht es den Mut, mit der eigenen Geschichte zu brechen.

In meiner Arbeit mit der Management Design Group trafen wir Helena. Sie war eine junge, engagierte Trainerin aus Schweden, die den Kurs »Kommunikation und Menschenführung« und den »HIP – High Impact Presentation Workshop« anbot. Wie bei vielen Trainern scheiterte es bei Helena weniger an der Dienstleistungsqualität als beim Verkauf der Dienstleistung. Der auf 16 Teilnehmer limitierte, dreitägige Wochenendkurs wurde von ihr – wie von den meisten Trainern – zweimal jährlich angeboten. Zwei durchgeführte Veranstaltungen mit je 16 Teilnehmern brachten bei gut 2 000 Euro Kursgebühr über 64 000 Euro in Helenas Kasse. Damit befand sich Helena, zusammen mit ihren anderen Aktivitäten schon im engagierten Segment der jährlich zelebrierten Umsatz-Ranking-Liste der über 4 000 Trainer.

Und Helena war ambitioniert. Sie hatte den Wunsch, ihre Umsätze mit dem HIP-Programm zu steigern. Also fragten wir sie, welche Ziele sie denn mit der Beratung erreichen möchte. Helena wünschte sich statt bisher zwei gleich vier, am liebsten fünf der HIP-Kurse anzubieten! Immerhin eine Umsatzsteigerung von 100 bis 150 Prozent. Ein ehrgeiziges Ziel!

Ein ehrgeiziges Ziel?

Mit fünf angebotenen Kursen pro Jahr wäre sie im Feld der Anbieter in der Spitzengruppe gelandet. Zumindest in diesem Segment hätte sie sich damit einen guten Platz in der jährlichen Umsatzstatistik gesichert. Ein guter Plan. Völlig klar und rational, realistisch – und doch ehrgeizig. Ehrgeizig?

Wir schürten die Verwirrung. Wir provozierten Helena: »Das ist doch kein Ziel!«

Eine Umsatzsteigerung von 150 Prozent ist kein Ziel – was dann? Helena war verwirrt.

Nach einer Reihe von Provokationen kam unsere entscheidende Frage an Helena: »Wie viele Kurse hätten Sie denn am liebsten pro Jahr laufen?«

Helena erwiderte trotzig: »Nun, es ist ein Wochenendkurs, jeweils von Donnerstag bis Samstag, es gibt 52 Wochenenden im Jahr. Wenn wir Weihnachten und Ostern abziehen, dann bleiben 50 Wochenenden frei, das wären 50 Kurse an 50 Wochenenden. Ist das ein Ziel?«

»Ja, das hat noch keiner geschafft. Das ist ein Ziel.«

Ein Jahr später führte Helena tatsächlich 50 ausverkaufte HIP-Kurse pro Jahr in Schweden durch und katapultierte sich mit großem Vorsprung auf Platz 1 der weltweiten Umsatzstatistik mit einem neuen Umsatzweltrekord.

Das tut man nicht!

Rosa Louise Parks tat etwas, was man nicht tut: Sie weigerte sich aufzustehen, als ein Weißer ihren Sitzplatz im Bus für sich beanspruchte. Und das wirkte wie der berühmte Schlag des Schmetterlingsflügels am Amazonas, der das weltweite Wetter ändern kann: Rosa Parks änderte die Geschichte. Ihre eigene Geschichte, die von Martin Luther King, die von Barack Obama und die Geschichte der Vereinigten Staaten von Amerika.

Der Busfahrer rief damals am 1. Dezember 1955 in Montgomery, Alabama, die Polizei und Rosa Parks wurde verhaftet. Sie wurde wegen Störung der öffentlichen Ruhe verurteilt und musste 14 Dollar Strafe zahlen. Das rief Martin Luther King auf den Plan, zu diesem Zeitpunkt ein relativ unbekannter Baptistenprediger. Er organisierte

Die Geschichte ist immer eine Geschichte der Brüche.

»Das hätte ich auch gekonnt«, sagt ein Betrachter des Bildes. »Aber erst, nachdem du es bei mir gesehen hast!« sagt Picasso.

mit seiner Montgomery Improvement Association den Montgomery Bus Boycott. Über ein Jahr lang protestierte die schwarze Bevölkerung von Montgomery gegen die Rassentrennung und weigerte sich, Bus zu fahren. Eine Lawine der Zustimmung und Unterstützung brandete über die Stadt hinweg. Am Ende waren die Behörden gezwungen, die Rassentrennung innerhalb von Bussen und Zügen aufzugeben. Diese Aktion war der Durchbruch für Martin Luther King und die Bürgerrechtsbewegung.

Die Bruchlinie, die damals in den 50ern in Alabama begann, verläuft quer durch ein halbes Jahrhundert, bis zum 20. Januar 2009, dem Tag der Amtseinführung des 44. Präsidenten der Vereinigten Staaten in Washington. Rosa Parks starb 2005. Sie hat den Sieg des ersten Afroamerikaners im Präsidenschaftswahlkampf ihres Landes leider nicht mehr erlebt.

Die Geschichte ist immer eine Geschichte der Brüche. Haben Sie in den 1980ern an den Fall der Berliner Mauer geglaubt? Hielten Sie es damals für wahrscheinlich, dass die KPdSU aus dem Kreml vertrieben wird, ohne einen Atomkrieg anzuzetteln? Hätten Sie damals je vermutet, dass das Apartheid-System in Südafrika ohne jedes Blutvergießen fällt? All diese Wenden im Lauf der Geschichte rund um das Jahr 1990 haben tiefe Spuren im Alltag der Menschen hinterlassen. Waren sie wahrscheinlich?

Unmöglich schienen sie, keiner hat damals daran geglaubt. Nachträglich lassen sich von einem ganzen Heer von Wissenschaftlern, Beobachtern und Autoren schlüssige Ursachen dafür finden. Aber wer hat vor den entscheidenden Ereignissen erkannt, an welchem Punkt die Menschen eine einzigartige historische Chance auf dem Silbertablett serviert bekommen? Nicht einmal die Akteure selbst. Das ganze Leben ist ein Marathon und manchmal entscheidend sich einer, ein Cliff Young zu sein. Und dann werden wir alle abgehängt und bleiben mit offenem Mund zurück.

»Das hätte ich auch gekonnt«, sagt ein Betrachter des Bildes. »Aber erst, nachdem du es bei mir gesehen hast!« sagt Picasso. Wir alle werden von den Glückskindern auf vielen Strecken abgehängt, weil unser Denken denkt, was wir immer denken, und vor allem das, was wir denken, was die anderen denken, was wir denken sollten. Sie wissen schon, was ich meine …

Ständig sind wir versucht, uns allzu strikt an unsere Erfahrungen zu halten, wenn wir Neues planen. Erfahrungen, die Resultat unserer Prägung, unserer Ausbildung sind. Erfahrungen, die wir von Eltern, Vorgesetzten und Vorbildern übernommen haben. Wir denken in den meisten Situationen, was schon von anderen gedacht wurde. Wir vertrauen auf Informationen, die längst auf dem Markt sind. Wir lesen Zeitungen, die andere geschrieben haben, mit Inhalten, die andere durchdacht haben – und die vielleicht längst überholt sind. Wir schauen TV-Komödien an, die ein müder Abklatsch von Welterfolgen sind. Wir hängen uns Bilder an die Wand, die vor 100 Jahren vielleicht mal Provokation waren.

Wir sind nicht geübt im Regelbruch, dafür sorgt schon unser Bildungssystem. Eine Szene aus meiner, aus Ihrer Jugend: Sie sitzen in der Schule, der Lehrer stellt Ihnen eine Frage. Auf eine Frage gibt es in der Regel eine richtige Antwort und unzählig viele falsche Antworten. Sie lassen die Frage auf sich wirken. Ihr Gehirn gibt Ihnen die Meldung, dass Sie die Antwort nicht wissen. Der Lehrer ruft Sie auf. Ihr Adrenalinspiegel steigt. Sie können nur schweigen. Kalter Schweiß an den Händen, dicker Kloß im Hals und rot und heiß brennen die Wangen. Wer hat die richtige Antwort? Der Lehrer, immer der Lehrer.

Was lernen wir daraus? Der Lehrer ist eine Institution. Nun sind wir konditioniert. Wir wissen, dass Institutionen immer Recht haben. Nicht, dass wir uns falsch verstehen: Organisationen, Traditionen, langjährige Erfahrungen sind ein geistiges Korsett. Und ein Korsett stützt. Es dient dazu, den Alltag zu meistern. Wer sich jeden Morgen überlegt, welche Jogging-Schuhe er anzieht, welche Strecke er wie lange in welchem Tempo wohl läuft, der wird nie losrennen. Wer ohne langes Nachdenken einem Laufritual folgt, das er von anderen übernommen hat, der schafft das spielend. Vor der Herausforderung Ultramarathon lohnt es sich aber offenbar durchaus, den Autopiloten zu deaktivieren und Kurs und Gangwahl selbst in die Hand zu nehmen.

»Das kannst du nicht, das darfst du nicht, das ist nichts für dich!« Ein Kind hört bis zu seiner Volljährigkeit vermutlich über 100 000 Mal diese Gebote. Wenn es später ein erfülltes Leben haben will, hört es irgendwann mal weg.

Erst vor kurzem habe ich ein weiteres Studium mit Master Business Administration Executive abgeschlossen. So ganz ohne Frustrationen gelang mir das allerdings nicht. Zwar ist der MBA recht praxisorientiert aufgebaut. Doch in Planspielen schnitten ich oder mein Team häufig als Gruppenschlechteste ab. Konnte das wahr sein? Verstehen Sie mich bitte nicht falsch, aber in den Planspielen ging es um Unternehmenssituationen, die ich vielfach schon erlebt und mit großem Erfolg gemeistert hatte. Schließlich entdeckte ich jedoch den Schlüssel meines akademischen Problems: Die Universitäten und Hochschulen zielen mit ihren praktischen Übungen darauf ab, Regeln zu vermitteln. Außergewöhnliche Blickwinkel oder Schlupflöcher zu finden, ist im Lehrplan nicht vorgesehen. Als Unternehmer hatte ich jedoch immer mit dem blanken Gegenteil meine Erfolge gefeiert: Ich habe die Dinge so gemacht, wie sie funktionieren, nicht so, wie sie in den Regeln vorgeschrieben waren. Wie man es tut, ist dann uninteressant, wenn Sie genau wissen, wie Sie es tun wollen.

Außergewöhnliche Blickwinkel oder Schlupflöcher zu finden, ist im Lehrplan nicht vorgesehen.

Die Welt steht plötzlich Kopf

München, 1910: ein mächtiger Eichenschreibtisch, ein kräftiger Stuhl mit dickem Polster, dunkler Dielenboden. Die Türe knirscht, ein Mann mit schwerer Jacke betritt den Raum. Steifer Kragen, üppige Samtkrawatte. Die Hände ragen aus schneeweißen Leinenärmeln mit edlen Manschettenknöpfen, sie umfassen einen Malkasten, dessen Rost sich mit matten grünen, roten, blauen Klecksen mischt. Tack, tack. Plötzlich bleiben die schwarzen Lederschuhe wie angewurzelt stehen. Gebannt starrt das Augenpaar des Mannes auf das Schauspiel, das sich dort hinten in der Ecke abspielt. Stunde der Dämmerung, durch das Fenster fließt rauschendes Gold. Es sammelt sich – pulsierend, wirbelnd, vibrierend, in allen Farben schillernd – auf einem Stück Leinwand. Zu sehen ist: nichts. Jedenfalls nichts Herkömmliches, nichts Gegenständliches. Stadt, Land, Fluss – alles fehlt und doch ist plötzlich viel mehr als die ewige Staffage aller Malerei vorhanden. Das Bild brennt, es strahlt, es glüht. Später wird der Maler, es ist Wassily Kandinsky, über diesen magischen Moment seines Lebens, ja der Kunstgeschichte, schreiben:

»Ich wusste jetzt genau, dass der Gegenstand meinen Bildern schadet.« Des Rätsels Lösung war ganz einfach. Kandinsky hatte irgendwann ein Gemälde an die Wand gestellt. Als er es an jenem Abend plötzlich neu entdeckte, stand es, stand seine Welt buchstäblich Kopf. Alles Herkömmliche war getilgt, der Maler sah reine Form, reine Farbe. Die abstrakte Malerei war erfunden – weil ein Genie im wahrsten Sinn des Wortes etwas ver-rückt hatte.

Wer Durchbrüche erlebt, bricht mit der Sicherheit. Dazu braucht es Wahnsinn – und deswegen fehlt uns dafür so oft der Mut. Wir limitieren unsere Möglichkeiten, wir unterschätzen unsere geistige Potenz. Denken ist so kreativ, so explosiv, so anarchisch wie die Energie des Lichts, die Kandinskys Leinwand durchglühte. Doch meistens denken wir nicht, wir haben bloß Gedanken. Aus Angst vor der eruptiven Gewalt, die in unserem Kopf toben könnte, wagen wir es nur, Bilder, Worte, Meinungen zu verschieben, die wir von anderen ausgeliehen haben. Auch Kandinsky hatte zunächst so gehandelt. Er ließ sich ausbilden an der Münchner Akademie der bildenden Künste und arbeitete bei Franz von Stuck. Dieser Malerfürst prägte mit seinem Hang zu Mythen und zur lasziven Erotik die Kunst der Jahrhundertwende. Kandinsky folgte ihm. Auch wenn ihm Stucks Ideale fremd blieben, gewann er unter seiner Anleitung solide handwerkliche Grundlagen. Später wurde der Russe zu einem Vorkämpfer des Jugendstils. Doch dieser war damals bereits Mode. Kandinsky zählte sich zur Avantgarde, doch neben ihm marschierten viele. Schon bald scherte er aber aus dem Gleichschritt aus und irritierte selbst künstlerische Freunde mit stilisierten Anklängen an die Volkskunst seiner Heimat.

Wer Durchbrüche erlebt, bricht mit der Sicherheit.

Auch im persönlichen Umgang zeigte er nun immer mehr Eigensinn und Unangepasstheit, was mitunter zu heftigen Auseinandersetzungen führte. Kandinskys Wahnsinn war also Programm. Wäre er seinen Weg aus der Tradition hin zur unverwechselbaren Individualität nicht konsequent gegangen – wir hätten seinen Namen längst vergessen.

Ein eiskalter Blick, ein scharfer Schnitt

Ich habe gelernt: Manchmal muss ich wie Kandinsky meine bekannten Bilder auf den Kopf stellen. Wir müssen ab und zu die Perspektive wechseln.

Dazu braucht es Entschlossenheit. »Manchmal musst du das Glück schon zwingen«, singt Udo Lindenberg. Wobei es das »Manchmal« in sich hat: Es kommt auf den genau richtigen Augenblick an. Die Widerstände gegen das Neue sind fast immer übermächtig. Aber im magischen Moment genügt dann doch ein kleiner Stoß, um sie fast widerstandslos in sich zusammenfallen zu lassen. Wie traumgesteuert handeln Glückskinder ohne jede Irritation und mit aller Kraft exakt dann, wenn es zu handeln gilt.

Gordion in Kleinasien, 334 vor Christus. Hunderte Brustpanzer glänzen in der Sonne, ein Wald von Lanzen ragt in den stahlblauen Himmel, kein freier Platz mehr auf dem Tempelberg an diesem Tag. Schwerter klirren, Pferde schnauben, ein Raunen geht durch die gewaltige Menge. Plötzlich erscheint der junge Feldherr. Mit straffem Schritt geht er auf das Mysterium dieser Stadt zu. Die Priester breiten es in scheinbarer Demut, aber mit listigem Lächeln vor dem Eindringling aus. Mit 30 000 Mann ist er in die einstige Hauptstadt des Phryger-Reiches einmarschiert, ein stolzes, ein gewaltiges Heer. Doch wie viele Herrscher und Herrschsüchtige haben sie hier schon kommen und wieder gehen sehen! Assyrer, Lyder, Meder – alles Streitmächte, vor denen einst die Welt erzitterte. Sie alle hatte der Perserkönig Dareios unterworfen und noch zahllose andere Völkerschaften. Und jenen Gewaltigen wollte nun ein dreister Grieche herausfordern? Seit wann waren denn die Götter auf der Seite der Heißsporne! Hundertschaften von Weisen und Mächtigen hatten sich bereits daran versucht, den magischen Knoten der Stadt zu lösen, das stolzeste Rätsel des Weltkreises. Die Götter lockten, so besagte es ein Orakel, mit hohem Gewinn: Es ging um den Besitz des Perserreiches. Aber am Ende standen immer Verzweiflung, Wut, Ratlosigkeit – alles war vergebens. Deswegen war es wie in Stein gemeißelt: Auch der blutjunge Makedonierkönig würde jener Schmach nicht entgehen. Gedemütigt würden er und die Seinen übers Meer nach Hause fahren, empfangen von ihren bitterlich weinenden Weibern. Denn die Welt war nun einmal undurchdringlich in sich verschlungen wie ein Knoten. Wehe dem, der vermessen genug war, dies zu bezweifeln! Stille. Jetzt greift Alexander entschlossen zum Schwert – und schlägt den Gordischen Knoten entzwei. Das Orakel behält Recht: Er besiegt das Perserreich, doch das genügt ihm nicht, er stürmt weiter bis Indien, erst am Rande des Weltkreises erfährt er seine Grenze.

Die Folgen jenes genialen Siegeszugs lassen sich bis heute in vielen Ländern besichtigen. Die Szene am Tempelberg ist jedoch eine Legende, die niemand belegen kann – genau wie die Erfindung der abstrakten Malerei durch Kandinsky. Doch Legenden sagen mehr über die historische Wahrheit aus als manches Monument. Feldherren leben in enger Tuchfühlung mit dem Glück. Schließlich kann das Kriegsglück sich in jeder Sekunde wenden und sie Land, Leute und Leben kosten.

Die Lehre von Gordion lautet: Aggression kann tödlich sein, aber sie ist auch – recht verstanden – Bedingung des Glücks. Denken genügt nicht. Gemacht werden muss es!

Jedes scheinbar unlösbare Problem sieht aus wie ein durch und durch in sich selbst verschlungener Knoten. Ohne Willenskraft, ohne Entscheidungsstärke und Instinkt ist dieses Knäuel nie zu durchschlagen. Jeder könnte es tun, doch nur einer hat die nötige Zielstrebigkeit. Nur einer macht es dennoch und als Erster.

Bevor eine völlig neuartige Erfolgsstory beginnt, braucht es offensichtlich einen Gewaltakt, um sich von 1 000 guten, aber verwirrenden Ratschlägen, von allzu exakten Berechnungen und gewiss auch dem ein oder anderen Selbstzweifel zu trennen.

»Der hat so viel Glück, dass es weh tut« – kaum einer, der diesen Spruch zitiert, ahnt, wie sehr er Recht hat. Für das Glück sind schmerzhafte Schnitte nötig. Glück hat nur, wer sich – ohne zu zögern, ohne Kompromisse – von all dem lähmenden Ballast um ihn herum und in ihm selbst trennt. Alexanders Blick war eiskalt, als er zum entscheidenden Schlag ausholte. Er sah sein Heer der 30 000 nicht mehr, er hatte das Lächeln der Priester ausgeblendet, nicht einmal die gleißende Sonne über sich nahm er wahr. Da waren nur der Knoten und er – und das Schwert. Zack. Das Glück kommt wie ein Fallbeil.

Für das Glück sind schmerzhafte Schnitte nötig.

HERMANN SCHERER
JENSEITS VOM MITTTELMASS

Hermann Scherer
Jenseits vom Mittelmaß
Gabal Verlag 2009
Ca. 300 Seiten, exklusive
4-farbige Ausstattung

Ausgezeichnet als Testsieger in der Kategorie »Unternehmensführung« von Managementbuch.de

Managementbuch.de

Ausgezeichnet als »Karrierebuch des Jahres 2009« vom Hamburger Abendblatt

Hamburger Abendblatt

Viele Unternehmen versinken im Mittelmaß:

Sie bieten das, was andere auch bieten. Doch auf den dicht besetzten Märkten von heute genügt das nicht mehr. Durchschnittsprodukte zu Durchschnittspreisen führen im Verdrängungswettbewerb geradewegs ins Abseits. Hermann Scherer zeigt die Wege aus der »toten Mitte«. Der Marketingexperte zündet ein Feuerwerk von Ideen rund um Produkte, Märkte und innovative Verkaufsstrategien. In diesem Buch erleben Sie den Erfolgsvortrag von Hermann Scherer mit über 500 abgedruckten Folien, wichtigen Kommentaren und Zusatzinformationen. 25 Module für Ihren Unternehmenserfolg: Von Chancenintelligenz bis Web 3.0 mit zahlreichen Fallbeispielen und Best-Practice-Erfahrungen für Marketing und Verkauf.

01.	Aufmerksamkeit	Wer nicht auffällt, fällt weg
02.	Positionierung	Differenzieren statt verlieren
03.	Emotionales Marketing	Ihr Logenplatz im Kundenkopf
04.	Service	Die Extra-Meile von heute ist der Standard von morgen
05.	Innovationen	Plädoyer für Probleme
06.	CQ – Chancenintelligenz	Erfolgspotenziale aktivieren
07.	Von den Besten profitieren	Next Practice statt Best Practice
08.	Netzwerkstatt	Networking für Fortgeschrittene
09.	Kooperationen	Kontrakte durch Kontakte
10.	Überzeugungskraft	Kommunikation in der Zuvilisation
11.	Angebotsoptimierung	Sind Sie unwiderstehlich?
12.	Kompetenzdarstellung	Was nützt es, gut zu sein, und keiner weiß es?
13.	Marke	Logo + Assoziation = Marke
14.	Guerilla-Marketing	Querdenken und Regelbruch
15.	Führung	Mutiges Management für die Märkte der Zukunft
16.	Expertenstatus	Bekanntheitsgrad hebt Nutzenvermutung
17.	Intelligente PR	So spricht man über Sie – auch in der Presse
18.	Web 3.0	Das Internet als Umsatzmultiplikator
19.	Marktmacht	Neue Wege zu neuen Kunden
20.	Begehrlichkeitsentwicklung	Verkaufen im Verdrängungswettbewerb
21.	Verkaufspsychologie	Die zwölf Phasen des Verkaufsgesprächs
22.	Verhandeln	Sie bekommen nicht das, was Sie verdienen, sondern das, was Sie verhandeln
23.	Transferintelligenz	Seien Sie nicht Wissensriese und Umsetzungszwerg!
24.	Leidenschaft	Nicht im Unternehmen, sondern am Unternehmen arbeiten
25.	Motivation	So haben Sie Ihren inneren Schweinehund im Griff

Modul 01: Aufmerksamkeit
Wer nicht auffällt, fällt weg.

Enten legen ihre Eier in aller Stille. Hühner gackern dabei wie verrückt. Was ist die Folge?

»Alle Welt isst Hühnereier«, stellte Henry Ford schon vor über 150 Jahren spöttisch fest. Ginge es ausschließlich nach Leistung, müssten eindeutig die Enten den Schnabel vorn haben – schließlich ist ein Entenei um ein Vielfaches größer und schwerer als das durchschnittliche Hühnerei. Nur verstand es die Konkurrenz im Hühnerstall eher, die Aufmerksamkeit der Kunden auf sich zu ziehen. Im Klartext: Es genügt nicht, gut zu sein, wenn niemand davon weiß. Das wusste der amerikanische Autofabrikant, einer der erfolgreichsten Unternehmer seiner Zeit.

Fords Einsicht gilt heute mehr denn je. Jedes Jahr kommen Tausende neuer Angebote auf den Markt. Die weitaus meisten davon (über zwei Drittel) floppen. Denn »eigentlich« braucht niemand noch eine Büro-Software, das x-te Modemagazin für die moderne Frau von heute oder eine weitere Biersorte. Der durchschnittliche Supermarkt einer deutschen Kleinstadt wäre für jeden, der erstmals und unvorbereitet dort hineinstolperte, eine einzigartige Reizüberflutung. Wie sollte man sich unter den über 20.000 Produkten, die dort gelistet sind, zurechtfinden? Deshalb informieren clevere Hersteller darüber, dass ihre Praline mit der edlen »Piemont-Kirsche« gefüllt oder ihr Bier mit »Felsquellwasser« gebraut sei. Nebenbei bemerkt: Auch andere Biere werden mit Felsquellwasser gebraut, und nicht einmal die gesamte Kirschenernte aus dem Piemont würde ausreichen, um die bekannte Kirschpraline herzustellen.

Jedes Jahr kommen Tausende neuer Angebote auf den Markt. Die weitaus meisten davon floppen.

Bei der alltäglichen Konkurrenz um die Aufmerksamkeit des Kunden geht es jedoch um mehr als nur um clevere Marketingstrategien – es geht darum, den Nutzen, den Sie Ihrem Kunden bieten, eindeutig und möglichst umfassend zu kommunizieren. Ob Sie Augenoptiker sind oder Finanzberater, ob Sie Fenster fertigen oder Teile für die Computerindustrie: Wer im immer härteren Wettbewerb am Markt bestehen will, muss es verstehen, sein Leistungsspektrum bestmöglich zu verdeutlichen (oder zumindest besser als die Mitbewerber). Wer das nicht schafft, läuft Gefahr, ganz vom Markt zu verschwinden. Das ist Verdrängungswettbewerb. Dabei kommt es gar nicht darauf an, die ultimative Produktrevolution, das gänzlich Neue zu bieten. Es genügt oft vollkommen, die aktuellen Möglichkeiten etwas erfolgreicher in den Köpfen der Kunden zu verankern als die übrigen Anbieter. Simples Beispiel: Unternehmen, die im großen Stil Heizungen warten, bieten in der Regel einen Notdienst an Feiertagen – und verstecken das irgendwo im Kleingedruckten. Cleverer wäre eine fettgedruckte Headline über dem Angebot: »Wir lassen Sie nicht im Stich – auch nicht an Weihnachten!«

Das ist wie in der bekannten Geschichte mit den zwei Campern, die in der Tiefe der kanadischen Wälder auf einen riesigen, erkennbar schlecht gelaunten Grizzly stoßen. Während der eine verzweifelt die Hände ringt, schlüpft der andere blitzschnell in seine Turnschuhe. »Das bringt nichts, du kannst nicht schneller sein als der Bär«, schluchzt der Erste. Darauf sein Mitcamper: »Muss ich ja auch nicht. Ich muss nur schneller sein als du!«

Interesse und Aufmerksamkeit

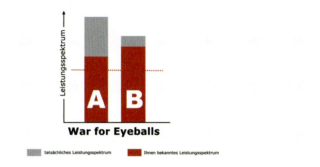

Angenommen, wir haben zwei Dienstleister, zwei Produkte, zwei Unternehmen, A und B. Unterstellen wir weiter, die beiden sind im Preis identisch, aber A bietet, wie Sie sehen, ein höheres Leistungsspektrum als B. Wo würden Sie einkaufen? Das versteht sich fast von selbst: natürlich bei A. Gehen wir eine Stufe weiter und schauen wir uns an, was der Kunde erwartet. Das zeigt die rote, gestrichelte Linie. Wo wird er einkaufen? In der Regel wiederum bei A, nach dem Motto: »Umso besser, wenn ich mehr für mein Geld bekomme.« In der Schnäppchengesellschaft nimmt der Kunde eben mit, was er bekommen kann. Gehen wir noch eine Stufe weiter: Die rote Fläche zeigt das an, was vom Verkäufer, vom Unternehmer als Nutzen kommuniziert wurde. Wofür würden Sie sich jetzt entscheiden? Natürlich für B – obwohl A besser ist.

Fazit: Wir haben einen doppelten Wettkampf. Wir haben den Wettkampf um die Qualität – und wir haben den Wettkampf um die Kommunikation der Qualität. Was nützt es denn, gut zu sein, wenn niemand es weiß? Was nützt es, besser zu sein, wenn andere sich besser verkaufen? Viele Unternehmer glauben, dass Qualität allein ausreicht, um am Markt erfolgreich zu sein. Dabei führen uns Werbung und andere verkaufsfördernde Maßnahmen täglich vor Augen, dass dem nicht so ist. Schmecken Fruchtgummis besser, nur weil Heidi Klum sich diese im Werbespot zwischen die Fußzehen klemmt? Steigert es den Nutzen eines Produktes, wenn der Händler vorn am Eingang einen roten Teppich ausrollt und hinten Champagner kredenzt? Das glaubt nicht einmal der wohlmeinendste Kunde. Aber Aufmerksamkeit ist knappes Gut, das von Unternehmen erkämpft und zum Teil auch erkauft werden muss.

> »Die Ökonomie der Aufmerksamkeit folgt neuen Gesetzen, die radikal anders sind als die des Geldes und der materiellen Güter. An deren Stelle treten Werte wie Beachtung, Anerkennung, Berühmtheit, Einzigartigkeit und Hype, mit denen die immaterielle Wertschöpfung der Marktteilnehmer vergütet wird. Aufmerksamkeit ist eine rare, kostbare Ressource …«
> Michael H. Goldhaber

❝❝ Gespickt mit Witz, Charme und säckeweise guten und pointierten Beispielen. ❞❞
FINANCIAL TIMES DEUTSCHLAND
GMBH & CO. KG, DEUTSCHLAND

❝❝ Der Autor verwendet in seinem als Ratgeber konzipierten Werk einen sehr unterhaltsamen Schreibstil, was sein fundiertes Wissen jedoch keineswegs schmälert, sondern Lesevergnügen mit Wissenstransfer koppelt. ❞❞
POLITIK & KOMMUNIKATION

❝❝ Das Buch verdient alle Achtung und ist eine wirklich lohnenswerte Lektüre und Investition zugleich. Darüber hinaus ist der Schreibstil sehr nett, so dass das Lesen sogar noch am späten Abend Spaß macht. ❞❞
LITERATURCAFE BERLIN

❝❝ In den letzten beiden Tagen habe ich Ihr Buch gelesen oder besser gesagt: studiert oder noch besser: aufgesaugt. Von den zahlreichen Büchern, die ich jemals zum Thema Marketing und Erfolg gelesen habe nimmt es die Spitzenposition ein. Es ist außerordentlich konkret, nachvollziehbar und ein visueller Lesegenuss, ein Schatzkästchen. ❞❞
DIRK KENNTNER, GESCHÄFTSFÜHRENDER GESELLSCHAFTER, KENNTNER GMBH

❝❝ Ein ganz herzliches Dankeschön, für Ihr neues Buch. Ich bin sprachlos – und das passiert recht selten. Im ersten Eindruck bin ich überwältigt von der Vielfalt und der professionellen Ausarbeitung. Ich weiß nur, wenn ich das Buch in die Hand nehme, dann lege ich es so schnell nicht mehr beiseite. ❞❞
SIMONE HERZBERG, SIMONEHERZBERG.DE

❝❝ Gut strukturiert und unterhaltsam. ❞❞
HAMBURGER ABENDBLATT

❝❝ Sehr gut! Hätte ich dieses Buch schon 6 Wochen vorher in die Finger bekommen, hätte ich mir einen teuren Unternehmensberatereinsatz in meinem Unternehmen sparen können. ❞❞
RALF WITTIG, GESCHÄFTSFÜHRER,
HELLGLAS DUSCHEN GMBH

❝❝ Bei meinen Recherchen zum Thema Marketing, PR usw. bin ich auf Ihr Buch gestoßen – der Titel hat mich angesprochen. Seit Tagen blättere ich in Ihrem Buch und möchte ganz spontan loswerden: Vielen Dank für dieses Buch! Tolle Tipps, interessante Internetseiten, praxisnah geschrieben, eine echte Hilfe, einfach genial. ❞❞
SABINE KRUSCH

❝❝ Tja, etwas sprachlos. Ich versuch es trotzdem mal: 600% Inspiration in der kompaktesten Form aller Zeiten. Dazu noch lecker aufbereitet. Genuss für alle Unternehmersinne. Klasse Kochbuch für Unternehmer. ❞❞
DIRK ROSOMM, DB CENTRAL GMBH

❝❝ Vielen Dank für die Zusendung Ihres neuen Buches. Natürlich habe ich schon ausgiebig geblättert und stelle fest, dass es sehr klar strukturiert ist und gleichzeitig Lust auf das Lesen macht, da es mit vielen Beispielen arbeitet. Natürlich kann das Buch nicht so mitreißend sein, wie das lebendige Original, aber es kommt ausgesprochen gut und vor allem auch ›benutzbar‹ rüber. ❞❞
OLIVER BEUTLING,
REDNER & PERSPEKTIVEN GMBH

❝❝ Es ist grandios in Inhalt und Design. Ein wahres Feuerwerk, ja ein Vulkan an unkonventionellen und innovativen Ideen! Ich wünsche Ihnen einen ebenso grandiosen Erfolg für dieses Werk – die Bezeichnung ›Buch‹ passt einfach nicht hierzu. ❞❞
WOLFGANG THIEMANN, VERTRIEBSLEITUNG
WEST & EXPORT, SOLVIS GMBH & CO KG

Qualitätssurrogate

- Anzahl der Kunden
- Anwenderfreundlichkeit
- Außenauftritt
- Auszeichnungen
- Bekanntheitsgrad
- Claim
- Corporate Design
- Design
- Empathie
- Engagement im sozialen Bereich
- Entscheidungssicherheit
- Erscheinungsbild der Mitarbeiter
- Farbe des Produkts
- Freundlichkeit der Mitarbeiter
- Größe oder scheinbare Größe
- Gütesiegel, Zertifizierungen
- Image
- Innovationsgrad
- Internetauftritt
- Klingelton des Telefons
- Logo
- Mitarbeiterzahl
- Netzwerkzugehörigkeit
- Patent- oder Markenrechte
- Präsente für Kinder
- Problemverständnis
- Pünktlichkeit
- Referenzen
- Sauberkeit
- Schnelligkeit der Reaktionen
- Service
- Umweltengagement
- Verbandszugehörigkeit
- Wartezeiten
- Wegbeschreibung
- Welche Prominenten kaufen?
- Welche Zielgruppe wird angesprochen?
- Wer benutzt diese Produkte noch?
- Wer benutzt diese Produkte noch nicht?

Entscheidungsprozess

Wenn alles gleich gültig ist, dann ist alles gleichgültig!

Nach welchen Kriterien entscheidet sich ein Kunde für ein bestimmtes Produkt? Noch vor 50 Jahren gaben in der Regel Bedarf, Nutzen und Qualität den Ausschlag, dazu noch der Preis. Das funktioniert heute nicht mehr. Der Markt ist in fast allen Segmenten mit Angeboten überschwemmt, die Ähnliches leisten und Ähnliches kosten. Die Stiftung Warentest hat beispielsweise festgestellt, dass sich elektrische Rasierapparate für Männer in den letzten Jahren nicht mehr verbessert haben – nicht, weil die Entwickler versagt haben, sondern weil die Rasierer eben schon alles rasieren, was zum Zeitpunkt der Rasur gewachsen ist (obwohl uns manche Firmen ja glauben machen wollen, dass es Rasierer gäbe, die die Haare, die erst morgen wachsen, heute schon rausziehen, abschneiden und den Rest zurückschnalzen lassen). Gerhard Schulze, Professor für empirische Sozialforschung an der Universität Bamberg, hat schon in den Neunzigerjahren des letzten Jahrhunderts auf die »Endlichkeit des Fortschritts« hingewiesen. Irgendwann gibt es bei Qualität oder Nutzen absolut nichts mehr zu verbessern. Kein Wunder, dass manche Rasierapparate heute aussehen, als kämen Sie direkt aus einer Ferrari-Werkstatt, und selbst Bügeleisen immer futuristischer im Design werden.

Kunden beurteilen Produkte immer mehr nach Kriterien, die mit der eigentlichen Produktqualität immer weniger zu tun haben – entweder weil die »Hard Facts« identisch sind oder weil die Qualität für den Käufer im Detail ohnehin nicht nachzuvollziehen ist. Fachleute sprechen von »Qualitätssurrogaten«, Qualitätsersatzstoffen also, insbesondere bei Dienstleistungen, die »intangibel« (nicht greifbar) sind. Wenn Sie zu einem neuen Arzt gehen, bilden Sie sich schon an der Empfangstheke ein Urteil. Wie großzügig, modern, hell wirkt die Praxis? Wie freundlich ist das Personal? Kommt Ihnen als Erstes eine Sprechstundenhilfe mit blutverschmiertem Kittel entgegen, beginnen Sie schon an Ihrer Wahl zu zweifeln. Über die medizinische Kompetenz des Arztes sagt all das nichts aus. Und selbst im Sprechzimmer sind Sie weiter auf sekundäre Indizien angewiesen: Wie zugewandt ist der Arzt? Wie stark geht er auf Ihre Fragen ein?

Herausforderung Zuvielisation Stress, Unübersichtlichkeit, Risiko

Während unsere Urgroßeltern mit den Hühnern zu Bett gingen, können wir jeden Abend zwischen Dutzenden von Fernsehsendern wählen.

Zuvielisation – Wir leben in einem Zeitalter des »Zuviels«

Über 3.000 Werbebotschaften prasseln täglich auf uns ein. Während unsere Urgroßeltern noch bei Kerzenschein in Ruhe ein Buch lasen oder gleich mit den Hühnern zu Bett gingen, können wir jeden Abend zwischen Dutzenden von Fernsehsendern, Hunderten von Zeitschriften, Millionen von Internetseiten wählen, vom Kneipen- und Kulturangebot in der näheren Umgebung ganz zu schweigen. Online-Händler versorgen uns rund um die Uhr mit Angeboten, unser Briefkasten quillt über von Werbeprospekten, Spam verstopft unsere E-Mail-Postfächer. Stress pur, vor dem mancher bereits in die Konsumverweigerung flüchtet, während der Nachbar womöglich den Überblick verliert und shoppt bis zum Offenbarungseid.

Der multioptionale Kunde im Stress

Jedes Jahr kommen neue Produkte auf den Markt, zusätzlich zur Vielzahl der ohnehin schon vorhandenen Angebote. Wie viele davon kann ein potenzieller Kunde überhaupt aufnehmen – schon rein optisch? Forscher wissen seit langem, dass die menschliche Wahrnehmung erwartungsgesteuert und höchst selektiv ist Was wir nicht erwarten, sehen wir oft nicht einmal. Welche absurden Ausmaße das annehmen kann, zeigt ein Experiment an der Kasse einer Tankstelle. Während des Bezahlens bückt sich der Kassierer nach einem heruntergefallenen Kugelschreiber. Allerdings taucht nicht er selbst wieder auf, sondern ein anderer, unter dem Tresen verborgener Mitarbeiter 80 % aller Kunden bemerken nicht, dass ihr Gegenüber sich »verwandelt« hat. Selbst wenn der zweite Mitarbeiter eine Frau ist, werden nur 38 % stutzig. Das lässt erahnen, warum mancher lebenslang Single bleibt...

Werden Sie von Ihrer Zielgruppe wahrgenommen?
Und wie werden Sie wahrgenommen?

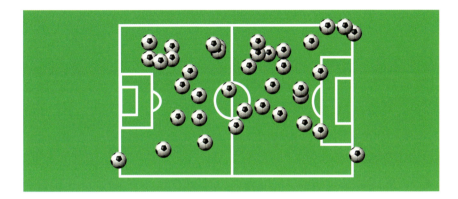

Unterscheidung Wahrnehmung und Realität

Schauen Sie sich das Fußballfeld auf der Folie genau an und zählen Sie alle Bälle, die Sie sehen. Fertig? Ist Ihnen sonst etwas an dem Fußballfeld aufgefallen? Wie viele Bälle es sind, habe ich nie gezählt – interessant ist, dass viele nicht bemerken, dass die Tore unterschiedlich groß sind. Können Sie sich vorstellen, dass Sie sogar einen ausgewachsenen Gorilla übersehen? Die meisten Menschen sind sich ziemlich sicher, dass ihnen das niemals passieren würde. Der Gegenbeweis ist leicht anzutreten. Es gibt ein 20 Sekunden langes Video, in dem spielen einige Leute Ball. Bevor der Film anläuft, werden die Zuschauer aufgefordert, die Zahl der Ballkontakte der Mannschaft mit den weißen T-Shirts zu zählen. Mitten im Spiel läuft unerwartet ein Mann im Gorillakostüm durch das Bild. Er schaut sogar in die Kamera und trommelt sich auf die Brust. Am Ende des Films gehen die Meinungen über die Zahl der Ballkontakte der weißen Mannschaft weit auseinander. Aber 95 % der Zuschauer sind sich auf Nachfrage einig: ein Gorilla? Der war da definitiv nicht im Spiel! Fazit: Die menschliche Wahrnehmung ist höchst selektiv, unsere Aufnahmefähigkeit begrenzt. Was wir nicht erwarten, sehen wir möglicherweise gar nicht. Und umgekehrt: Wer ein silbernes Cabrio kaufen will, wird plötzlich viele entdecken: selektive Wahrnehmung.

Wortschatz

Sprachforscher haben errechnet, dass wir von den 120.000 Wörtern im Duden im Schnitt nur 2.000 verschiedene pro Tag verwenden. Frauen sind dabei mit 23.000 Wörtern täglich fast doppelt so redselig wie Männer. (Wenn Sie jetzt meinen, für diese grundsätzliche Erkenntnis müsse man kein Wissenschaftler sein, haben Sie zweifellos recht. Aber immerhin kennen wir jetzt die genauen Zahlen …) Was besagt diese Statistik? Zum einen macht sie in dramatischer Weise erneut klar, wie stark unser Gehirn auf Entlastung setzt, nicht nur bei Wahrnehmung und Aufmerksamkeit, sondern auch in der Kommunikation. Zum anderen verdeutlicht sie aber

»Der Kunde vergleicht uns mit der Konkurrenz und stuft uns entweder als besser oder als schlechter als ein. Das geht nicht sehr wissenschaftlich vor sich, ist jedoch verheerend für den, der dabei schlechter abschneidet.«
Jack Welch

auch, wie unterschiedlich die weibliche und die männliche Hälfte der Menschheit ist – zwei riesige und in sich natürlich sehr heterogene Zielgruppen. Tragen Sie dem in Produktentwicklung und Marketingstrategie eigentlich Rechnung? Wie sichern Sie sich die Aufmerksamkeit der Frauen?

Studie: Kaufverhalten

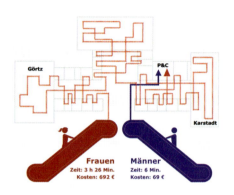

»Vergessen Sie Indien, vergessen Sie China, haben Sie Respekt vor der größten Weltmacht: Frauen.«
Headline in der britischen Zeitschrift Economist, April 2006

Auftrag: »Geh zum P&C und kaufe eine Hose!«
Männer sind bis heute Jäger, Frauen Sammlerinnen. Okay, das Horten alter technischer Geräte in Kellern und auf Dachböden durch die Herren der Schöpfung (»Kann man alles noch mal brauchen ...«) ist eine Ausnahme. Beim Einkaufen gilt aber die obige Regel, wie ein Versuch bei P&C zeigt: Der Auftrag »Geh zum P&C und kaufe eine Hose!« wird von Männern im Schnitt in 6 Minuten erledigt und schlägt mit 69 Euro zu Buche. Hose »erlegt«, und ab nach Hause. Frauen brauchen für dieselbe Aufgabe im Schnitt fast 35-mal so lange, nämlich drei Stunden und 26 Minuten. Beim »Sammeln« machen sie gleich noch ein paar Umwege durch benachbarte Shops und Läden und geben insgesamt 692 Euro aus. Fazit: Männer geben pro Minute mehr Geld aus, unterm Strich gesehen aber erheblich weniger als Frauen. Und das gilt nicht nur für Mode. 80 % der Kaufentscheidungen werden heute von Frauen getroffen, sagen Experten.

Frauen sind der Mehrheitsmarkt
Die US-Journalistin Fara Warner hat errechnet, dass sich die Hälfte der amerikanischen Privatvermögen im Jahr 2010 in den Händen der Frauen befinden wird – 13 Billionen US-Dollar; in Zahlen: 13 000 000 000 000. Selbst da, wo das Geld nicht auf ihrem eigenen Konto liegt, bestimmen Frauen ganz wesentlich über das verfügbare Haushaltseinkommen. Machen Sie den Selbsttest: Wer gibt bei Ihnen zu Hause das Geld aus? Wer entscheidet, dass neue Möbel fällig sind, wer schreibt die Einkaufszettel, wer redet beim Wunschauto ein gewichtiges Wort mit? Auch für Management-Guru Tom Peters gehört die Zukunft den Frauen: Sie zeichnen für die meisten Geschäftsgründungen verantwortlich, sie sind die besseren

»Der absolut wichtigste Einflussfaktor in jeder Verkaufssituation ist das Geschlecht des Kunden, und am allerwichtigsten ist dabei, ob der Verkäufer so kommuniziert, dass es zum Geschlecht des Käufers passt.«
Jeffery Tobias Halter, Selling to Men, Selling to Women, 2006

> Merkwürdig – bis heute dachte ich, die gezielte Ansprache von kaufkräftigen Zielgruppen sei das Herzstück guten Marketings.

(weil sozial kompetenteren) Führungskräfte und sie holen langsam, aber sicher bei den Gehältern auf. In der Wirtschaft setzt sich diese Erkenntnis erst allmählich durch. »Frauen werden vernachlässigt«, titelte im September 2005 das Magazin Focus. Das zielte nicht auf heimische Beziehungskrisen, sondern auf die deutsche Autoindustrie, die seit Jahren mit einer schwachen Nachfrage kämpft. Heute ist jeder dritte Autobesitzer eine Frau, vor zehn Jahren war es erst jeder vierte (und für den Kauf von Auto eins und zwei siehe oben). Als Zielgruppe haben die Automobilhersteller Frauen dennoch nicht im Visier. »Es gibt keine gezielte Ansprache von Frauen, das Fahrzeug steht im Vordergrund«, so eine BMW-Sprecherin im Focus, und auch bei DaimlerChrysler wollte man 2005 »grundsätzlich nicht nur einzelne Zielgruppen ansprechen«. Merkwürdig – bis heute dachte ich, die gezielte Ansprache von kaufkräftigen Zielgruppen sei das Herzstück guten Marketings.

Wahrnehmung von Präsentationen

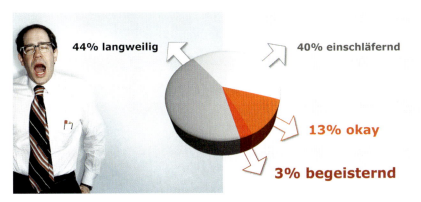

Haben Sie was zu sagen – oder lesen Sie nur Folien vor?

Tag für Tag wird in Tausenden von Präsentationen nach dem immergleichen Ritual die Welt in Bullet Points erklärt: Headline → fünf Punkte → nächste Folie. Kein Wunder, dass die Zuhörer laut Wall Street Journal in 40 % aller Fälle dahindämmern und sich 44 % schlicht langweilen. Nur 3 % aller Präsentation erreichen ihr Ziel, die Aufmerksamkeit des Publikums: Sie begeistern. »Die Überflussgesellschaft hat einen Überfluss an ähnlichen Firmen, die ähnliche Mitarbeiter beschäftigen, mit einer ähnlichen Ausbildung, die ähnliche Ideen haben, ähnliche Dinge produzieren mit ähnlicher Qualität«, so die Management-Vordenker Kjell Nordström und Jonas Ridderstrale. Man sollte hinzufügen: »... und diese Ideen und Produkte auch noch in ähnlicher Weise an die Frau oder an den Mann bringen wollen.« Unten sehen Sie das typische Ergebnis. Präsentationen, die einschläfern, Werbung, die am Kundeninteresse vorbeigeht, die immergleichen Produktmerkmale und Verkaufsstrategien – damit sind die Märkte des 21. Jahrhunderts nicht zu erobern.

Herzlichen Dank für den leidenschaftlichen Abend! Sie haben unsere Erwartungen voll erfüllt und uns mit Ihrem Vortrag begeistert. Von unseren Kunden haben wir bisher nur positive Rückmeldungen bekommen, Sie haben wesentlich dazu beigetragen, dass es ein rundum gelungener Abend war. Ich bin mir sicher, dass dies nicht unsere letzte Zusammenarbeit in unserem Netzwerk war und freue mich auf den nächsten Kontakt.
Stefan Crivellin, WSS GbR

Gerne möchte ich mich nochmals ganz herzlich für das tolle Referat und ihre unkomplizierte und angenehme Art bedanken. der Abend hat uns allen großen Spaß gemacht.
Tanja Gartmann, VP-Bank Aktiengesellschaft, Vaduz, Liechtenstein

Viele waren regelrecht begeistert von der Kombination aus rhetorischem Feuerwerk und Gedankenanstößen. Es war schön, Sie bei uns zu haben.
Friedrich Schmitt, Mitglied des Vorstands, Central Krankenversicherung AG

In der Reihe Campus für Unternehmer ist in der Financial Times Deutschland Ihr Buch (›Das überzeugende Angebot‹) auf Platz 7 in die Bestenliste eingestiegen. Gerade diese Bestsellerliste ist sehr gut, weil hier Qualitatives auch wichtig ist, und die Präsenz auf dieser Liste immer eine Auszeichnung ist!
Rainer Linnemann, Campus Verlag

Immer, wenn ich eine bestimmte Aufgabe lösen muss und ich Rat suche, habe ich mir ein Buch gekauft – Ihr Buch ›Das überzeugende Angebot‹ habe ich mit Begeisterung gelesen. Wenn zum Schluss das Buch voller Marker-Markierungen und Lesezeichen ist, spricht es Bände! Nun sind wir auf diesem Gebiet keine Anfänger, aber wenn ein Kunde wie Eurocopter die Professionalität eines Angebotes lobt und dass man hiervon beeindruckt ist, ist das bereits ein Kompliment. Eine Vielzahl von Anregungen, die ich sofort umsetzen konnte.
Niklas Weyer, Weyer GmbH

Hallo Herr Scherer, habe Sie heute im Kraftwerk erlebt. Kompliment und Glückwunsch: Ich konnte einige gute Impulse mitnehmen.
Marco Teufel

Ihr Auftritt bei uns war klasse. Und ich habe sehr viele Rückmeldungen von Kollegen bekommen, die das auch so sehen. Gegenwärtig wird in unserem Unternehmen sehr viel bewegt und sehr viel verändert. Wir sind da alle mit großem Ernst bei der Sache. Da tat es gut, einmal auf humorvolle, charmante und ungewöhnliche Art Inhalte vermittelt zu bekommen, die uns alle tagtäglich mehr oder weniger beschäftigen.
Christoph Hartmann,
Central Krankenversicherung AG

Vielen Dank für den tollen Vortrag, ich habe selten einen so mitreißenden Vortragenden erlebt, wie Sie es sind!
Mag. Manuela Palotay,
Wirtschaftspsychologin

Aus ihrem Vortrag gestern Abend werde ich einige interessante Punkte auch für meine Tätigkeit umsetzen. Für diesen Gedankenanstoß möchte ich mich ganz herzlich bedanken.
Uschi Kolb, Galerie Haus Schneider

Ok, für einen Trekkingurlaub ist diese gebundene ›Streitschrift gegen das Mittelmaß‹ von Marketingexperten Hermann Scherer nicht wirklich geeignet. Wer aber sein Gepäck nicht herumschleppen muss, der sollte sich von den stattlichen Maßen (24 x 32,5 cm) und dem Kampfgewicht von fast zwei Kilo nicht abschrecken lassen. ›Jenseits vom Mittelmaß‹ ist die Marketingbibel für alle, die es satt haben, Ihre Produkte für Durchschnittspreise oder sogar darunter zu verkaufen. Die 352 Seiten liefern Ideen, Strategien, Zitate, Grafiken, Checklisten, die Wege aus der toten Mitte zeigen.
Thomas Burzler, Sales Motion

Ihr herrlicher Humor hat den Vortrag so kurzweilig gemacht, dass die 2 Stunden im Fluge vergangen sind. Ich bin sicher, mir fallen in den nächsten Tagen auch noch einige Anregungen von Ihnen ein. Herzlichen Dank dafür.
Petra Bath, Geschäftsführerin,
Tabuladata – Büromanagement

Ein riesengroßes von Herzen kommendes Dankeschön für die »Jenseits vom Mittelmaß-Box«, die ich heute von euch erhalten habe. Und ein ganz großes Kompliment für die Box selber, finde die Art & Weise und die Zusammenstellung echt einzigartig.
Patrick Burger

Ich habe Deinen Vortrag mit großem Interesse verfolgt: Du bist einmalig!
Rolf Ruhleder

JENSEITS VOM MITTTELMASS
DIE BOX

Hermann Scherer
Jenseits vom Mittelmaß-Box
inklusive iPod shuffle
oder
Jenseits vom Mittelmaß-Box
inklusive USB Stick

Mehr Information:
www.jenseitsvommittelmass.com

5 kg geballte Motivation zum Aufstehen, Anfangen und Handeln!
Jenseits des Mittelmaßes ist ein Platz für Sie reserviert. Hermann Scherer zeigt Ihnen mit seiner aus 25 Modulen bestehenden Erfolgsstrategie, wie Sie ihn einnehmen. Glauben Sie ihm: Es gibt auch in Ihrer Firma viele Ansatzpunkte, um besser zu werden. Sie müssen Sie nur entdecken und in Angriff nehmen. Mehr dazu erfahren Sie in seiner »Jenseits vom Mittelmaß-Box«.

In der Box finden Sie:

01. 1 Buch »Jenseits vom Mittelmaß« – hier finden Sie über 10 Stunden Erlebnisvortrag von Hermann Scherer mit über 500 abgedruckten Folien auf über 350 farbigen Seiten im gebundenen Großformat (24 x 32,5 cm)
02. 1 Erfolgstagebuch »one chance a day«
03. 1 Würfelkalender
04. 1 Hörbuch »Sie bekommen nicht, was Sie verdienen, sondern, was Sie verhandeln« (3 CDs) von Hermann Scherer
05. 1 Hörbuch »Netzwerkstatt – Wie man Bill Clinton nach Deutschland holt« (2 CDs) von Hermann Scherer
06. 1 Hörbuch »30 Minuten für eine gezielte Fragetechnik« (1 CD)
07. 16 verschiedene »Jenseits vom Mittelmaß«-Postkarten als Block
08. 1 Chancenorange als Magnetset
09. 1 Lesezeichen »Jenseits vom Mittelmaß«
10. 3 »große Steine« + 1 Kreidestift zum Beschriften der Steine
11. wahlweise 1 mit »Jenseits vom Mittelmaß« gravierter USB Stick mit einem Text zum Thema »Jenseits vom Mittelmaß« gesprochen von Hermann Scherer.
12. oder 1 mit »Jenseits vom Mittelmaß« gravierter iPod shuffle mit einem Text zum Thema »Jenseits vom Mittelmaß« gesprochen von Hermann Scherer und 1 Gutschein für die Vortragsreihen von »Unternehmen Erfolg« im Wert von 50 Euro (Limited Edition – nur 1.000 verfügbar)

01
02
03
04
05
06
07
08
09
10
11
12

DAS ÜBERZEUGENDE ANGEBOT: SO GEWINNEN SIE GEGEN DIE KONKURRENZ

Hermann Scherer
Campus Verlag 2006
191 Seiten

Ausgezeichnet als Empfehlung
von Managementbuch.de

Mit Keywords zum Verkaufserfolg

Bei der Suche nach den Problemen der Kunden und den sie lösenden individuellen Nutzen lohnt es sich, die Aufmerksamkeit auf einen scheinbaren Nebenschauplatz zu richten: die vom Kunden verwendete Sprache. So hat eine Recherche in den USA ergeben, dass dort häufig die Angebote an den Sprachgebrauch und die Sprachgewohnheiten der Kunden adaptiert werden. Die Unternehmen benutzen von den Kunden selbst geäußerte und für den Kunden offenbar wichtige Formulierungen, um diese als Keywords an geeigneten Stellen des Angebots wortwörtlich einzubauen. Nicht kreieren, sondern adaptieren, heißt hier die Devise. Beispiel: Der Inhaber eines Supermarkts, in dem Tiefkühlkost verkauft wird, lässt sich ein Angebot über neue Tiefkühlzellen machen, da die bisher eingesetzten während der Weihnachtstage kaputt gegangen sind. In einem Gespräch mit einem Hersteller solcher Zellen formuliert er seine Anforderungen unter anderem mit den Worten »Im Büro möchte ich ein großes rotes Licht blinken sehen, wenn die Temperatur nur zwei Grad von der Solltemperatur abweicht« und erzählt von dem Ausfall zum Weihnachtsfest. Beherzigt der Hersteller die Regel des Keyword-Sellings könnte er beispielsweise folgendes Angebot für den Supermarkt-Besitzer formulieren: »Selbstverständlich haben wir Ihrem Wunsch entsprechend einen Temperaturfühler mit Anzeige vorgesehen, damit Sie im Büro ein großes rotes Licht blinken sehen, sobald die Temperatur nur zwei Grad von der Solltemperatur abweicht.« Und an anderer Stelle, vorzugsweise am aufmerksamkeitsstarken Ende des Angebotes, könnte stehen: »...damit Sie das nächste Weihnachtsfest ganz beruhigt feiern können.«

Der Einsatz von treffenden Keywords basiert auf dem Wissen, was für den Kunden entscheidend ist. Er setzt daher eine präzise Bedarfsanalyse voraus. Damit ist ein Zeiteinsatz verbunden, der sich lohnt, denn welcher Kunde liebt es nicht, mit seinen eigenen Worten umgarnt zu werden und feststellen zu können, dass der Anbieter ihm wirklich zugehört hat und verstanden hat?

Was sich von Gedächtnistrainern lernen lässt

Selbstverständlich bringen eine theoretisch perfekte Nutzenkommunikation und Keyword-Selling wenig, wenn die Vorteile der eigenen Angebote nicht verinnerlicht und jederzeit präsent sind. Es gilt also, sich die Nutzen einzuprägen, wobei sich von den Techniken der Gedächtnistrainer lernen lässt. Manche Unternehmen haben das systematisiert – wie beispielsweise eine amerikanische Trainingsorganisation. Dort werden neuen Mitarbeitern an ihrem ersten Arbeitstag zunächst sämtliche Inhalte und Nutzen der Dienstleistungen demonstriert. Es folgt die Integration in ein spielerisches Gedächtnistraining, damit das Gelernte leicht verankert werden kann. Das Ergebnis ist verblüffend. Schon am

Das Ergebnis ist verblüffend. Schon am Vormittag des ersten Tages kennen die neuen Mitarbeiter in der Regel alle Nutzen des Unternehmens

Vormittag des ersten Tages kennen die neuen Mitarbeiter in der Regel alle Nutzen des Unternehmens und sind in der Lage, diese ohne Hilfsmittel zu beschreiben und zu erläutern. Der Manager of Instruction des Unternehmens kommentierte dies so: »Jeder unserer knapp zehntausend Mitarbeiter und Partner sollte weltweit in der Lage sein, wenn er um drei Uhr in der Nacht geweckt wird und nach unseren Nutzen gefragt wird, sofort alle Nutzen, die wir bieten, in der richtigen Reihenfolge mit den richtigen Worten aufzuzählen und beschreiben zu können.« (Earl Taylor, Dale Carnegie Training, Manager of Instruction, 1996).

Die Aral Service-Card GmbH prüfte die Wirksamkeit der Merktechniken in einem Pilotprojekt zur Angebotserstellung. Die Mitarbeiter sollten die Fähigkeit erwerben, die im Kundengespräch anhand eines kleinen blauen Miniatur-LKW-Modells vermittelten Vorteile im schriftlichen Angebot ebenso schlüssig anhand eines Bildes dieses Miniatur-LKWs zu beschreiben. Die Kunden würden damit diese Vorteile besser behalten und unter der Vielzahl von Angeboten leichter der Aral Service-Card GmbH zuordnen können. Der Erfolg des Projekts wurde vom Verkaufsleiter der Aral Service-Card GmbH bestätigt: »Seitdem wir im Gespräch aktiv mit dem blauen Aral LKW arbeiten und im Angebot darauf Bezug nehmen, fällt dem Team das Verkaufen leichter und es ist gleichzeitig erfolgreicher.« (Niko Johannidis, Leiter des Vertriebs der Aral Card-Service GmbH, Geschäftsbereich Fleet, 2002)

Das Unternehmen ins rechte Licht rücken

Bei aller Konzentration auf die Vermittlung der Nutzenvorteile darf eines nicht vergessen werden: Die Darstellung des Unternehmens, die auch in schriftlichen Angeboten wichtig ist. Schließlich werden vor allem höherwertige Produkte und Dienstleistungen immer auch mit Blick auf das dahinter stehende Unternehmen, auf dessen Renommee, Kompetenz und Image gekauft. Zumindest jedes umfangreiche Angebot sollte daher zur Positionierung des Unternehmens, zu seiner Geschichte sowie zu seinen Marken und Rechten Stellung nehmen.

Vielleicht der wichtigste Punkt: die Darstellung der Unternehmenspositionierung.

Vielleicht der wichtigste Punkt: die Darstellung der Unternehmenspositionierung. Merkmale wie zum Beispiel das Marktführungspotenzial, die Unternehmensgröße oder die durch innovative Entwicklungen begründete Vorreiterrolle werden von vielen Kunden mit besonderer Leistungsfähigkeit assoziiert. Damit steigt der Abschlusswille, denn wer möchte nicht gerne Geschäfte mit der Nummer eins machen? Ob und warum ein Unternehmen die Nummer eins ist, beantwortet Checkliste 5

Checkliste 5: Sind Sie die Nummer eins?*

1. Sind Sie die Nummer eins durch eine Erfindung?	Sony hat den Walkman erfunden, Hewlett-Packard den Laserdrucker. Gibt es eine technische Entwicklung oder Erfindung, bei der Sie der Erste sind?
2. Sind Sie die Nummer eins durch Größe?	Hertz ist die größte Autovermietung Amerikas, Betten Rid das größte Bettenhaus Münchens. Größe verspricht dem Kunden Leistungsfähigkeit. Können Sie der Größte für ihn sein, wenn vielleicht auch nur in einem Teilbereich oder in einer geografischen Region?
3. Sind Sie die Nummer eins als Produktspezialist?	Wrigley's produziert ausschließlich Kaugummis und ist damit weltweit unangefochten die Nummer eins; Tetra ist weltweiter Marktführer für Zierfischfutter für Aquarien. Haben Sie sich als Steuerberater auf Erbschaftsrecht spezialisiert, als Rechtsanwalt Strategien für Temposünder entwickelt?
4. Sind Sie die Nummer eins beim Preis?	Aldi ist der billigste Discounter, Rolls Royce die teuerste Nobelmarke. Welche Extremposition können Sie besetzen?
5. Sind Sie die Nummer eins für einen Verwendungsanlass?	Pronuptia hat sich auf Brautkleidung spezialisiert, Isostar trinkt man nach dem Sport. So werden gezielt Anlässe abgeschöpft.
6. Sind Sie die Nummer eins durch Ihr Vertriebssystem?	Die wohl besten Beispiele für shopping-at-home sind Unternehmen wie Tupperware und Avon. Aber auch Dell mit seinem einzigartigen Direktvertrieb oder »Meine Familie & ich«, die als einzige Zeitschrift an den Kassen im Supermarkt erhältlich ist.
7. Sind Sie die Nummer eins in einer Zielgruppe?	So gibt es den Winzer Vogel, der unter anderem alle Familien mit dem Namen Vogel im Deutschland anschreibt, damit die ihren »eigenen« Vogelwein zu Hause trinken können. Oder die Frau, deren Großmutter an Sehschwäche litt und die sich deshalb darauf konzentriert, Versicherungen und sonstige Dienstleistungen an Blinde zu verkaufen. Eine Spezialisierung in die Tiefe statt in die Breite!

Ist ein Unternehmen im Hinblick auf einen dieser Punkte die Nummer eins, dann hat es eine Poleposition inne. Diese sollte, mit der angemessenen Bescheidenheit, in schriftlichen Angeboten zum Ausdruck gebracht werden. Das gilt auch für eine Unternehmenshistorie, auf die mit Stolz zurückgeblickt werden kann. Gerade in Zeiten der Schnelllebigkeit und Hektik wird für viele Kunden die Frage nach dem Sinn unseres Handelns und Tuns immer bedeutender. Angebote können diese Frage auch dadurch beantworten, indem sie einen oder mehrere Blicke zurückwerfen. Überzeugungsprofis aus den USA liefern schon längst die

* (nach Dr. Irene Glöckner-Holme: »Wie erkennt man sein Marktführungs-Potenzial?«, salesprofi, 12/2000, Wiesbaden, Gabler, 2000. Nr. 7 nach Hermann Scherer: Verkaufen im Verdrängungswettbewerb, Unternehmen Erfolg, Freising, Teilnehmerhandbuch, 2002

Geschichte, die »Story«, mit, die hinter dem Unternehmen beziehungsweise den Produkten steht. Ein gutes Beispiel dafür ist Nike, das in sehr emotionaler Weise die Herkunft seiner Sportschuhe erklärt und dabei auf den Beginn der Joggingkarriere in Amerika verweist. Heute haben Nike-Schuhe Kultstatus, was wohl nicht zuletzt auch mit der Geschichte des Unternehmens zusammenhängt.

Auch die Marken und Rechte eines Unternehmens sind geeignet, dieses ins rechte Licht zu rücken.

Auch die Marken und Rechte eines Unternehmens sind geeignet, dieses ins rechte Licht zu rücken. Dafür genügt oft bereits das kleine »®« rechts oberhalb einer Bezeichnung, das auf den Schutz von Produktnamen oder Verfahren hinweist. Der Kunde zieht daraus Rückschlüsse auf eine eigene Forschungsabteilung des Unternehmens, selbst entwickelte Verfahren, fortschrittliche Produktionsweisen, Besitz von Alleinstellungsmerkmalen oder einfach darauf, dass er es mit dem Original und nicht einer bloßen Kopie zu tun hat.

Beispiel: Die Zambon Group Italien ist der Erfinder eines der wichtigsten Arzneimittel unserer Zeit, des Acetylcystein. In Deutschland ließ sie es unter dem Namen Fluimucil® (lateinisch sinngemäß: schleimverflüssigend) von der Tochtergesellschaft Zambon Vertriebs GmbH Deutschland vermarkten. Währenddessen wartete die Hexal GmbH auf den Verfall des Patentschutzes und bot dieses Mittel danach als generisches Arzneimittel an.

Die Bereitschaft der Apotheker, dieses zusätzliche Arzneimittel zu listen, war gering, da sich das Original ja bereits auf dem Markt hervorragend etabliert hatte. Fast jeder Arzt verschrieb häufig das beliebte und wirksame Mittel Fluimucil®. Bei der Ausbildung von Ärzten in deutschen Krankenhäusern wird das Augenmerk jedoch sehr stark auf die Vermittlung von Wirkstoffnamen, in diesem Fall Acetylcystein, und nicht auf den Produktnamen (Fluimucil®) gerichtet. So schrieben die meisten Ärzte später nach ihrer Niederlassung die mittlerweile gebräuchliche Abkürzung ACC für Acetylcystein statt Fluimucil® auf die Rezepte. Der Apotheker jedoch wusste, was gemeint war und reichte dem Patienten das Produkt Fluimucil®.

Hätte Hexal angemessen reagiert, so hätte es sein Nachahmerprodukt billiger als das Original angeboten.

Hätte Hexal angemessen reagiert, so hätte es sein Nachahmerprodukt billiger als das Original angeboten, um Zambon damit zumindest einige Marktanteile abzujagen. Die Hexal GmbH wählte jedoch einen anderen Weg und ließ sich die übliche Abkürzung für Acetylcystein, den Begriff ACC, schützen und vermittelte dies in seinen Angeboten für die Apotheker. Das Resultat: Die Apotheker listeten nun ACC® akut von Hexal, und die Patienten erhielten dieses Produkt anstelle von Fluimucil®. Heute ist Hexal mit ACC® akut unangefochtener Marktführer in Deutschland.

Dieses Beispiel zeigt, welche Möglichkeiten ein Marken- oder Verfahrensschutz hat. Er dient nicht nur der rechtlichen Absicherung, sondern ebenso der positiven Wahrnehmung durch den Kunden. »Namen sind Botschaften, Philosophien und Konzepte, die im Kopf der Verbraucher konkret in einer Schublade abgelegt wurden und jederzeit aktivierbar sind« (Peter Sawtschenko, Andreas Herden: Rasierte Stachelbeeren, Offenbach, GABAL, 2000), bestätigt Peter Sawtschenko diese Erkenntnis.

Zur Optimierung des Angebotes sind daher folgende Fragen zu beantworten:
1. Welche Erfindungen oder Verfahren hat das Unternehmen bisher entwickelt?
2. Welche Patente liegen vor?
3. Welche Gebrauchsmuster wurden bisher geschützt?
4. Welche Namen wurden beim Europäischen Patentamt eingetragen?
5. Welche Wort-Bild-Marke existiert?

Geschickt in die Angebotsformulierungen eingebaut, sind die Antworten wichtige Puzzlesteine auf dem Weg zum überzeugenden Angebot.

WIE MAN BILL CLINTON NACH DEUTSCHLAND HOLT
NETWORKING FÜR FORTGESCHRITTENE

Hermann Scherer
Campus Verlag 2006
216 Seiten

Ausgezeichnet als Empfehlung
von Managementbuch.de

Platz 3 der Financial Times
Deutschland Bestseller-Liste

Prioritäten setzen und Visionen entwickeln

Jeder erfolgreiche Mensch verfügt über eine gesunde Portion strategisches Denken. Bei meinen Recherchen zu diesem Buch stieß ich aber auf eine weitere Gemeinsamkeit: Fast alle diese Menschen halten sich mehr im Traumquadranten auf. Um das zu klären, benötigen wir ein Modell, das Sie wahrscheinlich gut kennen, da es sehr populär geworden ist.

Sie finden es in Abbildung 3: die sogenannte Vier-Quadranten-Methode, auch bekannt als »Eisenhower-Modell«. Alle Aufgaben, die wir im Laufe unseres Lebens zu bewältigen haben, lassen sich in vier Bereiche unterteilen: »wichtig und dringend«, »dringend, aber nicht ganz so wichtig«, »wichtig, aber nicht ganz so dringend«, »nichtwichtig und nicht dringend«. Am einfachsten gelingt uns das, wenn wir die vier genannten Beschreibungen in Beziehung zueinander setzen. Dazu bilden wir als erstes eine Matrix mit den vier Begriffen, die dann logischerweise aus vier Feldern besteht, die ich im Folgenden als »Quadranten« bezeichnen möchte.

1. Quadrant = A-Quadrant (dringend und wichtig)

In diesen Quadranten gehören alle Aufgaben, die wichtig und dringend zugleich sind. Also zum Beispiel das längst überfällige Angebot auszuarbeiten und zu versenden, von dem Sie annehmen, das es gute Erfolgschancen hat.. Oder aber, auch für den Privatmann beziehungsweise die Privatfrau relevant, die Steuererklärung abzuschließen, deren Abgabetermin bereits verstrichen ist

2. Quadrant = B-Quadrant (wichtig, aber nicht ganz so dringend)

In diesen Quadranten gehören alle Aufgaben, die wichtig, aber nicht ganz so dringend sind. Also zum Beispiel die Entwicklung strategischer Zukunftsvisionen für Ihr Unternehmen oder aber auch die regelmäßige Pflege von Kontakten mit zu Freunden und Bekannten im Privatleben.

3. Quadrant = C-Quadrant (dringend, aber nicht ganz so wichtig)

In diesen Quadranten gehören alle Aufgaben, die dringend, aber nicht ganz so wichtig sind. Der Anruf bei der Schwiegermutter, die »dringend« darauf wartet, zurückgerufen zu werden (vermutlich, weil sie in der Zeitungsbeilage dieses unglaublich günstige Sonderangebot gesehen hat, das ihr unbedingt jemand mitbringen sollte). Oder die Ausarbeitung eines schon mehrfach angeforderten Sitzplanes für die nächste Abteilungsleiterkonferenz, bei der Kollege Müller allen Herren ein Zigarrenetui und allen Damen ein Parfumfläschchen auf den Platz stellen will.

Am besten, Sie versuchen einmal selbst, verschiedene Aufgaben einem der vier Quadranten zuzuordnen.

4. Quadrant = D-Quadrant (nicht wichtig und nicht dringend)

In den vierten Quadranten gehören alle Aufgaben, die weder dringend, noch wichtig sind. Und wenn sie weder das eine noch das andere sind, dann sollten wir uns fragen, warum wir diese überhaupt übernehmen oder erledigen müssen. Eine logische Schlussfolgerung ist, diese Dinge nicht zu tun. Deshalb heißt dieser Quadrant für mich einfach »Papierkorb-Quadrant«. Lange Zeit hatte ich auf meinem Kalender eine kleine Karte mit der Frage: »Bringt dich das, was du jetzt gerade tust, wirklich deinen Zielen näher?« Die konsequente Beantwortung dieser Frage war geradezu verblüffend und hatte zur Folge, dass ich von diesem Zeitpunkt an viele scheinbar wichtige Dinge in den Papierkorb fallen lies. Dies hilft die richtigen Prioritäten zu setzen. Und genau darum geht es.

Sind die Unterschiede deutlich geworden? Gut. Am besten, Sie versuchen einmal selbst, verschiedene Aufgaben einem der vier Quadranten zuzuordnen. Na? Meistens ist es ja ganz einfach, diese imaginären Aufgaben zuzuordnen, manchmal aber ist die Unterscheidung gar nicht so leicht. Eine korrekte Zuordnung kann dennoch relevant für Ihr Leben oder die Zukunft Ihres Unternehmens sein! Viele Menschen setzen ihre Prioritäten allerdings völlig falsch.

Unproblematisch ist es meistens noch, wenn es darum geht, Aufgaben, die wichtig und dringend zugleich sind, die höchste Priorität zuzuweisen. Dass solche Dinge als allererstes und mit entsprechender Konsequenz »abgearbeitet« werden müssen, stellt wohl niemand infrage. Schwieriger wird aber schon die Entscheidung, ob wichtigen (aber nicht dringenden) oder dringenden (aber nicht wichtigen) Aufgaben im Zweifelsfall der Vorzug gegeben werden sollte!
Wenn ich danach gefragt werde, welchen von diesen Aufgabenarten im Zweifelsfall eine höhere Priorität eingeräumt werden muss, antworte ich immer: »Stellen wir uns einmal vor, wir sind gemeinsam mitten in der heißesten Phase eines entscheidenden Kundengesprächs, bei dem es um einen wirklich großen Auftrag geht. In diesem Moment fällt mir ein, dass ich vergessen habe, an meinem Auto das Licht auszuschalten. Was würden Sie mir raten um was soll ich mich jetzt zuallererst kümmern? Sicher werden Sie mir zustimmen, dass es das Beste sein wird, im Raum zu bleiben und von der Erfolgsprämie für den abgeschlossenen Auftrag eine neue Batterie zu kaufen.« Leider entscheiden sich viele Menschen in ähnlichen Situationen genau umgekehrt! Menschen lassen sich von den dringenden Aufgaben aus dem C-Quadranten von wesentlich wichtigeren Aufgaben aus dem B-Quadranten abbringen!
Ja, schlimmer noch, manche Menschen kümmern sich sogar, trotz knapper Zeit, in kaum nachzuvollziehendem Umfang um Aufgaben

aus dem D-Quadranten, also um Aufgaben, die weder wichtig noch dringend sind! Es stellt sich die Frage: Warum tun sie das?

D-Quadranten-Aufgaben sind oft einfacher als andere, manchmal machen sie auch richtig Spaß...

Nun, ganz einfach: D-Quadranten-Aufgaben sind oft einfacher als andere, manchmal machen sie auch richtig Spaß... kurzum mit diesen Aufgaben können wir uns wunderbar ablenken! Sicher, manchmal würde es wesentlich angehmer, die Angebote für den neuen Laptop zu »prüfen« aber viel wichtiger ist es doch, sich um die Zusammensetzung der neuen Außendienstmannschaft zu kümmern!
Mit D-Quadranten-Aufgaben »drücken« sich viele von uns vor den wirklich wichtigen oder dringenden Aufgaben und beruhigen sich zugleich damit, »enorm viel gearbeitet zu haben«. Ausschlaggebend ist aber, wie effektiv dieses Arbeiten war!
Dass A-Quadranten-Aufgaben (wichtig und dringend) bevorzugt abgearbeitet werden sollten, steht außer Zweifel. Allerdings müssen die B-Quadranten-Aufgaben (wichtig, aber nicht dringend) ein wesentlich stärkeres Gewicht bekommen und zwar zulasten der C-Quadranten-Aufgaben (dringend, aber nicht wichtig). Die D-Quadranten-Aufgaben (nicht wichtig, nicht dringend) schließlich können Sie im Zweifelsfall gleich in den realen (oder geistigen) Abfalleimer werfen!

Viele B-Aufgaben werden, sofern sie nicht rechtzeitig erledigt werden zu A-Aufgaben.

Wenn wir den B-Quadranten genauer ansehen, dann lassen sich Unterscheidungen treffen. Viele B-Aufgaben werden, sofern sie nicht rechtzeitig erledigt werden zu A-Aufgaben. Die Steuererklärung, die in sechs Wochen abgegeben werden muss, ist heute wichtig, nicht dringend. Wenn wir damit über fünf Wochen warten, dann wird sie allerdings dringend. Dies ist letztlich eine Aufgabe, die von übergeordneter Stelle kontrolliert oder »getrieben« wird. Zusätzlich gibt es Bereiche, die nie von außen angemahnt werden, auf deren Weiterentwicklung eben niemand ein Auge wirft. Während es unwahrscheinlich ist, dass Sie die Steuererklärung nicht machen, so können andere Dinge, die nicht weiter verfolgt werden, schnell untergehen. Dazu eine Frage:
Gibt es in Ihrem beruflichen oder privaten Leben Dinge, deren erfolgreiche Erledigung Sie einen signifikanten Schritt nach vorne bringen würde? Lassen Sie mich Ihnen dies an zwei Beispielen näher erläutern. In meiner Branche ist es wichtig, einmal ein Buch geschrieben zu haben.
Es kam aber nie jemand auf mich zu und forderte mich dazu auf. Außerdem möchte ich gern noch ein wenig mehr meiner Lebenszeit in New York verbringen, eine Verbesserung meiner Fähigkeiten, Präsentationen in englischer Sprache abzuhalten, wäre dazu wichtig. Jedoch sorgt keiner außer mir dafür, dass ich es auch wirklich tue.
Deshalb untergliedere ich den Quadranten B gerne in Aufgaben, die von außen getrieben sind, die Steuererklärung und Ähnliches. Und in den Bereich, den ich den Traumquadranten nenne, in dem sich

Wünsche, Träume, Ideen und Vorhaben befinden, deren Erreichung uns einen deutlichen Schritt nach vorne bringen würden, doch deren Umsetzung oft durch die Erledigung aller anderen Dingen (A, B, C und D) verhindert wird.

Darum nochmals die Frage: Gibt es in Ihrem beruflichen oder privaten Leben Dinge, deren erfolgreiche Erledigung Sie einen entscheidenen Schritt nach vorne bringen würde? Bitte denken Sie darüber einmal kurz nach.

Erfüllen Sie Träume!

Was stellen Verliebte nicht alles auf die Beine, um den oder die Angebetete glücklich zu machen? Ganze TV Show-Redaktionen leben davon, Träume zu erfüllen. Und auch Sie fänden es sicher klasse, wenn es da jemanden gäbe, der Ihre Wünsche wahr macht, oder zumindest dabei hilft, dass sie Wirklichkeit werden.

Gute Networker sind Traumerfüller oder zumindest Traumerfüllungsassistenten. Lassen Sie uns diese Erkenntnisse in Beziehungen übertragen. Erfolgreich ist jede Art von Zielsetzung, die Ihrem Gegenüber hilft seine Träume zu erreichen. Dies kann in verschiedenen Ausprägungen stattfinden.

Zum einen ist es durchaus möglich, dass Ihr Gegenüber seine eigenen Träume oder Vorstellungen nicht oder nur teilweise kennt. Oder sie sind ihm zumindest nicht mehr sehr präsent oder bewusst. Viele Menschen und Unternehmer verdrängen Ihre Wünsche, Visionen und Vorstellungen oft aus dem Bewussten, da es zu viele Erlebnisse und Erfahrungen gab, die ein Realisieren der Vorhaben unmöglich scheinen ließen. Oftmals tut die interne Unternehmenspolitik, die negative Markteinschätzung oder das fehlende Wissen über Möglichkeiten ihr Übriges dazu. Ich kannte einmal einen leitenden Mitarbeiter, der sich in einem Gespräch plötzlich daran erinnerte, wie gerne er eigentlich mit Worten umging und wie gerne er sich wünschte Texte zu verfassen. Völlig unerwartet wurde ihm dieser Wunsch sehr deutlich.

Wenn Menschen wissen, was sie wollen, dann gibt es viele Ansatzpunkte darüber zu sprechen, wie sie dieses erreichen könne. Helfen Sie Ihrem Gegenüber, im Traumquadranten zu arbeiten oder nehmen Sie ihm wichtige Bereiche ab.

In dem Falle des leitenden Mitarbeiters mit der Neigung zum Schreiben gab ich den Tipp, ein Buch zu verfassen, stellte Kontakte zu Verlagen her und schlug diverse Möglichkeiten der Unterstützung vor. Finden Sie darum im Gespräch heraus, wie A oder C-Aufgaben leichter erledigt werden können. Der geringste mögliche Ansatz ist es, den Menschen zu helfen, die kleinen Dinge besser zu lösen, damit sie sich mehr auf die B-Aufgaben oder noch besser auf den Traumquadranten konzentrieren können.

Als Networker und Kooperationspartner sind Sie unentbehrlich.

Als Networker und Kooperationspartner sind Sie allerdings umso unentbehrlicher, je mehr sich Ihre Tipps, Ideen, Nutzen oder Kooperationen um die großen Ziele und Wünsche Ihres Gegenübers und deren Erreichbarkeit drehen. Umso weniger, je kleiner die Korrelation zwischen der Zusammenarbeit mit Ihnen und der Erreichung der großen Ziele ist, desto größer wird die Gefahr, dass das Gespräch verkürzt und die mögliche Kommunikation, geschweige denn Kooperation, kurz und oberflächlich verläuft.

In meinen Beratungsgesprächen, die ich neben meinen Vorträgen noch führe, sehe ich meine Verantwortlichkeit gegenüber dem Kunden gerne in zweifacher Hinsicht. Zum einen bin ich natürlich dazu da, all die Fragen, die mir gestellt werden, sinnvoll zu beantworten. Das ist sicherlich die Mindestanforderung an einen Berater oder Coach. Doch selbst da gibt es Dienstleister, die mit manchen Inhalten eher zurückhaltend sind, und nicht zu viel Informationen preisgeben, um sich weitere Beratungstage zu sichern. Gleichzeitig glaube ich, dass selbst eine hervorragende Beantwortung aller Fragen nur ein Teil einer hochqualifizierten Beratung sein kann. Die Extrameile, die ich immer zu gehen versuche, besteht darin, auch Antworten auf Fragen zu geben, die mein Klient möglicherweise so noch gar nicht gestellt hat. Fragen, von denen ich weiß, dass sie mein Gegenüber in der Zukunft beschäftigen werden. Fragen, die vielleicht im Nacharbeiten oder im Vorausdenken der zukünftigen Situation entstehen können. Dies halte ich für extrem wichtig, um langfristigen Erfolg zu sichern.

Antworten auf Fragen geben, die noch gar nicht gestellt wurden.

Ähnlich spannend kann es sein, wenn Sie mit den Informationen, den Tipps oder den Empfehlungen oder sonstiger Unterstützungen, die Sie mit Ihrem Gegenüber zukommen lassen, nicht nur das liefern, was erwartet wird, sondern noch über den einen oder anderen Tellerrand hinausblicken und somit auch Antworten auf Fragen geben, die noch gar nicht gestellt wurden.

SIE BEKOMMEN NICHT, WAS SIE VERDIENEN, SONDERN WAS SIE VERHANDELN

Hermann Scherer
GA BAL Verlag 2002
128 Seiten

Ausgezeichnet mit dem Comenius Siegel für exemplarische Bildungsmedien der Gesellschaft für Pädagogik und Informationen

Ausgezeichnet als Empfehlung von Managementbuch.de

Erfolgreiche Verhandler scheuen nicht die Konkurrenz

Wenn Sie heute Verkäufer fragen: »Was ist das Besondere an Ihrem Produkt und welchen Nutzen bieten Sie?«, dann hören Sie drei klassische Antworten: »Qualität, Service und Kompetenz.« Manchmal kommen noch ganz besondere Aussagen wie zum Beispiel »Wir sind Ihr Partner!« Nichts als unbegründete Oberbegriffe. Es bleibt nach wie vor die Frage: Womit hebt sich dieses Produkt oder diese Dienstleistung von anderen ab?

Deshalb möchte ich Sie animieren: Sagen Sie nicht das, was Ihre Mitbewerber sagen, sondern sagen Sie etwas Anderes, etwas Spezielles, etwas Konkretes.

Wenn Sie zum Beispiel den Oberbegriff Qualität in Ihrer Argumentation haben, können Sie sich fragen: »Welchen Nutzen bietet denn meine Qualität?« oder »Durch welche Merkmale wird diese Qualität als solche wahrgenommen?« Und formulieren Sie Unterpunkte wie Verarbeitung, Lebensdauer, Sonderleistungen usw. Stellen Sie sich bei diesen Unterpunkten wiederum die Fragen: »Welchen Nutzen hat der Kunde durch die Verarbeitung? Durch die Lebensdauer? Welche griffigen Beispiele gibt es?«

»Wir haben schon unseren Lieferanten!« ist eine Aussage, die Sie als Herausforderung annehmen sollten. Ein Beispieldialog mag demonstrieren, was gemeint ist:

Kunde: Wir haben keinen Bedarf, wir arbeiten schon mit der Firma XYZ zusammen.
Verkäufer: In welchen Bereichen Ihres Unternehmens arbeiten Sie mit XYZ zusammen?
Kunde: In allen.
Verkäufer: Sie wissen ja, das Bessere ist des Guten Feind. Lassen Sie uns ein Gedankenspiel machen. Nehmen wir einmal an, Sie würden einen kleinen Teil Ihres Bedarfs durch uns abdecken. Was würde der Mitbewerber dazu sagen?
Kunde: Das würde ihm nicht gefallen.
Verkäufer: Was denken Sie, wie würde sich dies auf die Qualität oder die Bemühungen von XYZ auswirken?
Kunde: Er würde sich sicherlich anstrengen, damit wir von seiner Qualität überzeugt sind.
Verkäufer: In einigen Fällen gehen Lieferanten noch weiter und bieten sogar noch günstigere Konditionen.
Kunde: Das ist gut möglich.
Verkäufer: Also angenommen, Sie nehmen uns probeweise als zusätzlichen Lieferanten in einem Teilbereich mit auf und Sie sind mit uns – wider Erwarten – nicht zufrieden. Dann können

Möglichkeiten ersinnen, um den Kunden für sich zu gewinnen.

Sie uns gerne den Auftrag (ohne Begleichung der Rechnung) kündigen und uns in hohem Bogen rauswerfen. Dennoch hätte sich etwas geändert. Die Qualität und die Bemühungen Ihres bisherigen Lieferanten hätten sich wahrscheinlich etwas gesteigert und möglicherweise hätten sich auch die Konditionen verbessert.

Schaffen wir es – und davon gehe ich aus – tatsächlich eine noch bessere Qualität als XYZ zu liefern, so haben Sie mit uns als Lieferanten eine weitere Qualitätssteigerung erreicht. Also egal was passiert, die Vorteile liegen ganz auf Ihrer Seite, da so oder so eine Verbesserung erreicht wird. Und das Risiko liegt ganz auf unserer Seite.

Seien Sie kreativ, wenn es darum geht, Möglichkeiten zu ersinnen, wie Sie den Kunden für sich gewinnen können.

Erfolgreiche Verhandler konzentrieren sich auf die Sache, um die es geht
Wir alle sind viel mehr von Emotionen gesteuert als wir es gerne wahrhaben möchten, aber wir sind diesen Emotionen keineswegs hilflos ausgeliefert. Gute Verhandler wissen: Es geht um die Sache und nicht um die Emotionen darüber.

Erfolgreiche Verhandler kennen nicht nur die Reaktionsmuster ihrer Kunden, sondern auch die eigenen. Es gelingt ihnen, sich weitgehend »im Griff« zu haben. Sei es, dass Ihr Gegenüber gleich mit Vorwürfen startet, zum Beispiel dem Hinweis auf zurückliegende Reklamationen, dass er Desinteresse demonstriert oder sich machtvoll gibt, indem er beispielsweise eigene Mitarbeiter vor Ihren Augen zurechtweist.

Lassen Sie sich durch die Reaktionen Ihres Verhandlungspartners emotional nicht irritieren.

Denken Sie während Sie verhandeln immer daran, dass Sie sich durch die Reaktionen und Handlungsschritte Ihres Verhandlungspartners nicht emotional irritieren lassen. Fassen Sie es nicht als persönliche Kränkung auf, wenn der Kunde sein Verhandlungs-Know-how an Ihnen anwendet. Machen Sie sich sofort bewusst, dass er taktiert. Konzentrieren Sie sich auf die Fakten, richten Sie Ihren Blick auf die inhaltlichen Kernpunkte. Bleiben Sie ruhig und fragen Sie sich: »Warum tut er das? Was will er erreichen? Was muss ich tun, um dem zu begegnen?«

Überlegen Sie immer: »Was habe ich bisher konkret erreicht? Wo stehe ich jetzt in der Verhandlung im Vergleich zu vor einer Stunde, gestern, letzte Woche?« und sehen Sie den Fortschritt.
Natürlich können Sie Entrüstung über eine Äußerung oder eine Forderung Ihres Kunden zeigen, aber nicht, weil Sie im tiefsten Innern getroffen sind, sondern weil Sie dies Ihrerseits als überlegte Handlung einsetzen. Wenn

Sie dafür sorgen, dass Ihr Gegenüber außer sich gerät, wird sich kurz danach bei ihm ein schlechtes Gewissen einstellen und wenn das so ist, haben Sie schon wieder einen Pluspunkt für sich gemacht, denn er wird um Wiedergutmachung bemüht sein.

Behalten Sie auf jeden Fall die Kontrolle über sich.

Behalten Sie auf jeden Fall die Kontrolle über sich. Wenn Sie sich so ärgern, dass Sie wirklich außer sich geraten, werden Sie immer verlieren. Wenn Sie sich emotional verstricken, verlieren Sie nämlich den Blick für das Wesentliche. Ihr Gegenüber mag Ihnen unfair erscheinen oder ihrer Meinung nach unangebracht auftreten. Egal. Genaugenommen geht es doch nur darum, ob die Konditionen, auf die Ihr Kunde bereit ist einzugehen, für Sie attraktiv und akzeptabel sind.

Erfolgreiche Verhandler haben kein übermäßiges Bedürfnis gemocht zu werden

Für jeden von uns sind Wohlwollen und Akzeptanz durch unsere Mitmenschen geradezu lebensnotwendig. Wir richten unser Handeln oft bewusst oder auch unbewusst darauf aus, Zuneigung, Anerkennung und Bestätigung von anderen zu erhalten. Machen Sie sich immer wieder bewusst, dass ein gewisses Potential an Ablehnung geradezu Basis der verkäuferischen Tätigkeit ist. Immer wieder wird der Verkäufer Zurückweisung erfahren und sich mit der Frustration durch ein »Nein« des Kunden auseinandersetzen müssen. Es ist ein Teil seines Berufs! Wenn Sie es so sehen, dass es eine Seite Ihres Erfolges ist, wird es Ihnen leichter fallen, schwierige Phasen und Situationen zu überwinden.

Zu Recht heißt es everybody's darling ist everybody's »Depp«.

Lassen Sie sich also nicht von der Notwendigkeit leiten, gemocht zu werden. Sie werden es sowieso nicht schaffen, es jedem recht zu machen. Zu Recht heißt es everybody's darling ist everybody's »Depp«. Wer das übertriebene Bedürfnis hat, gemocht zu werden, wird kein guter Verhandler sein, weil er Konflikte zu sehr fürchtet.

Sie können sicher sein, dass ein hohes Maß Anerkennung – wenn auch oft erst später – genau daraus erwächst, dass Sie an Ihren Grundwerten festhalten und Rückrat beweisen. Wir achten und wertschätzen die Menschen, wenn sie für ihre Prinzipien gerade stehen, selbst wenn es nicht unsere eigenen sind.

LESE
PROBE

> Typischerweise glaubt jede Seite, dass sie das schwächere Blatt hat.

Erfolgreiche Verhandler wissen, dass auch die andere Seite unter Druck steht

Ihr Verhandlungspartner ist ebenso wie Sie einem Erfolgsdruck ausgesetzt. Nur scheint es Ihnen nicht so. Sie sehen nicht, wie wichtig es für den anderen ist, mit Ihnen zu einem Abschluss zu kommen. Unter Umständen ist die andere Seite auf Sie angewiesen. Warum glauben wir immer, dass wir die ungünstigere Ausgangsposition haben? Weil wir um unsere eigenen Nöte wissen, nicht aber um die des Kunden. Typischerweise glaubt jede Seite, dass sie das schwächere Blatt hat. Oft meinen wir fälschlicherweise, eine enorm schlechte Verhandlungsposition zu haben, weil wir eben so viele Faktoren und Zusammenhänge nicht kennen.

Lassen Sie sich nicht beirren, wenn der Kunde zu Ihnen sagt: »Ich habe etliche andere Lieferanten, die das Gleiche für weniger Geld anbieten«. Schließlich gibt es einen Grund, dass der Kunde überhaupt mit Ihnen verhandelt. Vergessen Sie das nicht!

Erfolgreiche Verhandler stellen sich manchmal dumm

Gelegentlich kann es schlau sein, sich dumm zu stellen. Der Grund dafür ist einfach: Menschen tendieren dazu, Mitleid zu haben mit denen, die sie für weniger klug oder weniger gut informiert halten. Selten gibt es Menschen, die daraus skrupellos ihren Vorteil schlagen würden. Sich dumm zu stellen, schaltet beim anderen den Wettkampfgedanken aus. Er muss nicht mit Ihnen konkurrieren, wenn Sie sich schwach zeigen. Vielmehr ist er Ihnen behilflich. Sie können gut fragen: »Würde es Ihnen etwas ausmachen, mir das zu erklären?«

> Denken Sie nur einmal an den berühmten Filmdetektiv Columbo im zerknitterten Mantel.

Denken Sie nur einmal an den berühmten Filmdetektiv Columbo im zerknitterten Mantel. Seine Strategie: Er stellte es immer so clever an indem er sich dumm stellte. Die Mörder waren stets versucht, ihm bei der Lösung des Falles zu helfen, weil er gar so hilflos erschien und lieferten dabei genau die Informationen, die er benötigte.

Erfolgreiche Verhandler nutzen den Zeigarnik-Effekt

Der Zeigarnik-Effekt ist eine von der Psychologin Bluma Zeigarnik entdeckte und beschriebene Erscheinung. Grundlegende Aussage der Psychologin ist, dass unerledigte Handlungen besser erinnert werden als erledigte und außerdem eine verstärkte Tendenz hinterlassen, sich immer wieder damit auseinanderzusetzen.
Was für einen Vorgang beschreibt dieses Prinzip genau? Fast jeder Mensch hat verschiedene Dinge, die unerledigt sind. Da ist zum Beispiel die Steuererklärung, die wir schon längst machen wollten; da ist der

Fahrradreifen, den wir schon seit Wochen aufpumpen wollten; da ist das Gespräch, das wir fortführen wollten, und, und, und... Bluma Zeigarnik hat herausgefunden, das unser Gehirn wie ein riesiges Schubladensystem funktioniert. Immer, wenn wir eine Sache beginnen und nicht zu Ende führen oder nicht zu Ende führen können, dann bleibt diese Schublade offen und wir stolpern darüber. Je mehr Schubladen wir geöffnet haben, um so weniger können wir uns auf unsere momentane Tätigkeit konzentrieren.

Der beschriebene Zeigarnik-Effekt greift natürlich nicht nur in Bezug auf Tätigkeiten. Gerade in einer Verhandlungssituation kann der Verweis auf ein zweites Problem unsere Konzentration enorm ablenken. Dies wird von vielen Gesprächspartnern oftmals unbewusst, vielfach aber auch bewusst eingesetzt, um uns entweder zu verwirren oder zu lenken.
Dies kann mit folgenden Worten erfolgen um Aufmerksamkeit zu erreichen:
»Guten Tag, Herr Kunde, heute habe ich Ihnen etwas ganz Besonderes mitgebracht, das ich Ihnen im Laufe des Gesprächs noch zeigen werde. Am Ende unseres Gesprächs habe ich noch eine besondere Überraschung für Sie.«

Lassen Sie sich selbst von Ihrer eigenen Konzentration auf noch nicht abgehakte Themen (»offene Schubladen«) nicht ablenken und nutzen Sie die Nennung noch nicht geklärter Bereiche, um andere Gesprächspartner neugierig zu machen bzw. über »offene Schubladen stolpern zu lassen«.

Guten Tag, Herr Kunde, heute habe ich Ihnen etwas ganz Besonderes mitgebracht.

LESE
PROBE

30 MINUTEN FÜR EINE GEZIELTE FRAGETECHNIK

Hermann Scherer
GABAL Verlag 2003
80 Seiten

Beispieldialog für die Anwendung von Situations- und Problemfragen unter Einbeziehung von Auswirkungs-Fragen

Verkäufer (Problemfrage):
Und wie schwierig sind die Meiermann-Maschinen in der Bedienung?

Kunde (Implizierter Bedarf):
Sie sind schwierig, aber wir haben gelernt, damit umzugehen.

Verkäufer (Auswirkungs-Frage):
Sie sagten ziemlich schwierig. Wie wirkt sich das auf Ihre Produktion aus?

Kunde (sieht nur ein kleines Problem):
Kaum, denn wir haben 3 Spezialisten dafür.

Verkäufer (Auswirkungs-Frage):
Wenn Sie nur 3 Spezialisten haben, führt das nicht zu Produktionsengpässen?

Kunde (sieht immer noch kein Problem):
Nur, wenn einer der Spezialisten geht.

Verkäufer (Auswirkungs-Frage):
Das klingt, als ob die Schwierigkeiten in der Maschinenführung zu einer höheren Fluktuation führen. Ist das so?

Kunde (sieht das größere Problem):
Sicher, die Maschinenführer haben keine Lust auf die Meiermann-Maschinen und bleiben deshalb nicht lange.

Verkäufer (Auswirkungs-Frage):
Was bedeutet diese Fluktuation in Bezug auf Einarbeitungs- und Trainingskosten?

Kunde (sieht größeres Problem):
Nun, bis der neue Maschinenführer effektiv arbeitet, kostet das rund 4.000 Euro Produktionsausfall in den ersten 3 bis 4 Monaten. Dazu kommen 1.200 EUR für ein spezielles Meiermann-Seminar sowie Reisekosten, also gut insgesamt 6.000 Euro pro Maschinenführer. Allein dieses Jahr haben wir schon 5 ausgebildet.

Verkäufer (Auswirkungs-Frage):
Das sind also mehr als 30.000 Euro Trainingskosten in weniger als 6 Monaten. Wenn Sie 5 Maschinenführer in einem halben

Wenn Sie die Arbeit nach draußen vergeben, wird das auch nicht gerade billiger.

So betrachtet, sind die Dinger wirklich ein großes Problem!

Jahr ausgebildet haben, dann – vermute ich – hatten Sie zu keiner Zeit 3 Profis in der Produktion. Zu welchen Ausfällen hat das geführt?

Kunde:
Im Prinzip zu keinem. Wann immer wir einen Engpass hatten, gab es Überstunden oder die Arbeit wurde nach draußen vergeben.

Verkäufer (Auswirkungs-Frage):
Haben die Überstunden die Kosten nicht noch weiter in die Höhe getrieben?

Kunde (fängt an, das Problem zu begreifen):
Ja, wir zahlen für Überstunden viel mehr. Und trotz dieser guten Bezahlung haben die Maschinenführer die Wochenendarbeit satt. Das ist wohl einer der Gründe für die hohe Fluktuation.

Verkäufer:
Wenn Sie die Arbeit nach draußen vergeben, wird das auch nicht gerade billiger. Wirkt sich der Einsatz von Subunternehmern auch in anderer Hinsicht – zum Beispiel auf die Qualität – aus?

Kunde:
Das macht mir am meisten Kopfschmerzen. Ich kann die hausinterne Qualität zu 100 Prozent garantieren, aber draußen bin ich anderen ausgeliefert.

Verkäufer (Auswirkungs-Frage):
Subunternehmer einzusetzen, liefert Sie deren Termintreue oder Untreue aus?

Kunde:
Hören Sie mir bloß damit auf! Ich habe gerade 3 Stunden Sherlock Holmes gespielt, um eine verspätete Sendung zu finden.

Verkäufer (fasst zusammen):
Also, führten die Schwierigkeiten in der Meiermann-Maschinen-Bedienung dazu, dass Sie dieses Jahr schon über 30.000 Euro in Trainingskosten investiert haben. Produktionsengpässe führen zu teuren Überstunden oder zwingen Sie, Arbeit nach draußen zu vergeben. Subunternehmer liefern zum Teil schlechtere Qualität und halten die Lieferfristen nicht ein.

Kunde:
So betrachtet, sind die Dinger wirklich ein großes Problem!

Verkäufer:
Jetzt ist mir klar, warum die Problemlösung für Sie so wichtig ist.

Ein Kunden-Probleme lösendes und Nutzen bringendes Angebot

Dahinter verbirgt sich folgende Strategie:

1. Der Verkäufer nutzt Ist-Zustands-Fragen und stellt dadurch einen ersten persönlichen Kontakt zum Kunden her.
2. Die Problemfragen bewirken, dass der Kunde sich über seine Probleme und Bedürfnisse klar wird.
3. Diese analysiert der Verkäufer mit Hilfe von Auswirkungs-Fragen, so dass der Kunde das Problem in all seinen unmittelbaren Auswirkungen für sich nachvollziehen kann.
4. Anschließend veranlasst der Verkäufer den Kunden mit Hilfe von Zusammenfassungs-Fragen dazu, ein die Kunden-Probleme lösendes und Nutzen bringendes Angebot als einzig sinnvolle Handlungsalternative wahrzunehmen.

Zum einen möchte ich mich bei Dir für diesen
interessanten und motivierenden Tag bedanken.
Es waren viele Informationen, die mir einen extrem
Schub gegeben haben. Zum wiederholten Mal muss
ich sagen, dass der Tag fantastisch war!
Thorsten Bartl, Geschäftsführer,
Bartl Wirtschaftsberatung

Ich habe in diesem Jahr noch keine Veranstaltung
besucht, die mir so viel Freude bereitet hat wie Ihre.
Vielen Dank für den Vortrag. Sie sind echt top!
Hans-Jörg Bley, WSS Unternehmensentwicklung

Sie haben mich begeistert mit Ihrer lebendigen,
humorvollen und inhaltsvollen Rede, die stets verständlich,
anschaulich, einprägsam und mit vielen praxisnahen Ideen
gespickt war. Diese zwei Stunden haben sich gelohnt – jede
Minute davon. Nach 3 Jahrzehnten als erfolgreicher Rhetorik-
und Verkaufstrainer bestätige auch ich gern: Sie gehören
zu den besten deutschsprachigen Redner derzeit.
Rudolf A. Schnappauf, RAS-Training

Als wir gestern Abend auseinander
gingen, waren wir uns einig: Sie spielen in einer
besonderen Klasse. HerzlichenDank dafür, dass
Sie uns an die Hand genommen haben.
Prof. Dr. Jörg W. Knoblauch, Tempus

Zur Auswertung der Referentenbewertung der Colleg Tage:
Herzlichen Glückwunsch, Sie haben den 1. Platz belegt.
Da kann ich nur sagen: Exzellent!
Hilmar Wollner, SchmidtColleg GmbH & Co. KG

Ein großes Danke an Sie, Ihre Kollegen und das gesamte Team.
Der Erfolg und das Echo waren überwältigend, die Motivation
aller ist um 100 % gestiegen, laut Aussage aller ist die
Umsetzbarkeit des Seminars nicht zu überbieten.
Gerhard Novak, Überreuter Print und Digimedia GmbH, Austria

HERMANN SCHERER
SPEAKER + BUSINESS EXPERT

PRESSE-
BERICHTE

,, Wahrscheinlich hätte Hermann Scherer es auch geschafft, sein Publikum mit einer Live-Reportage von der Schacholympiade zum Lachen zu bringen. Mit Charme, treffenden Bonmots und lustigen Anekdoten begeisterte er seine Zuhörer. Und das nicht als Selbstzweck, denn: Information wird über Emotion transportiert. ''

WIRTSCHAFTSMAGAZIN ECONO

PRESSE-BERICHTE

❞❞ Hermann Scherer ... der Marketingprofi bekannt für seine unterhaltsamen und mitreissenden Vorträge... ❞❞
WERBEWOCHE 11

❞❞ ›Lassen Sie los, geben Sie Gas, zünden Sie die Welt an, gute Nacht!‹ Wenn jemand auf solch einen Schluss-Satz starken Beifall bekommt, dann hat er sein Publikum vorher geschickt in die Rolle der Fans manövriert, die ihm alles abkaufen. Hermann Scherer ist dies nach eineinhalb Stunden im Kemptener Kornhaus gelungen. Dort referierte der 47-Jährige im Rahmen der Vortragsreihe ›Allgäu Impuls – Von den Besten profitieren‹ über die ›Chancen-Intelligenz‹. ❞❞
ALL-IN.DE

❞❞ Keine Kompromisse – Jenseits vom Mittelmaß! Das ist Thema des Vortrages von dem mehrfach ausgezeichneten Top-Redner Hermann Scherer, dessen außergewöhnliche Vortragsfähigkeiten mitreißen und der es versteht, selbst komplizierte Zusammenhänge einfach und allgemein verständlich darzustellen. ❞❞
ESB EUROPÄISCHE SPONSORING BÖRSE

❞❞ Scherer führt aus, dass es heute mehr Chancen gibt denn je. Chancen für alle und Chancen jederzeit. Mag sein, dass nicht jeder seine Chance packt – aber sie sind da. Nur, wie Scherer sagt, ›werden die vielleicht von jemand anderem genutzt‹ ❞❞
EVENTS

❞❞ Das Ziel von Hermann Scherer, einem bekannten Marketingreferenten, mag zunächst erstaunen: ›Ich möchte heute Ihren Verwirrungsgrad erhöhen‹. Hermann Scherer will keine Instrumente oder Lösungen herunterbeten, sondern Mut machen, das Unmögliche zu wagen. ❞❞
RHW PRAXIS

❞❞ Gleich der erste Redner des Morgens, Business-Experte Hermann Scherer, entzündete ein Feuerwerk: an Ideen und mit seiner Art zu präsentieren. Rund 150 Teilnehmende aus der ganzen Schweiz... hörten ihm interessiert zu. ❞❞
GASTRO JOURNAL

❞❞ Der 44-jährige studierte Unternehmensberater zählt rund 2.000 Firmen zu seinen Kunden, darunter nahezu alle Dax-Konzerne. ❞❞
HANNOVERSCHE ALLGEMEINE ZEITUNG

❞❞ Und dafür, dass der Gesprächsstoff über das Zukunftsforum 2008 so schnell nicht ausgeht, sorgte Erfolgstrainer Hermann Scherer. Seine hintersinnige, humorvolle und dabei hoch motivierende Performance riss das Publikum am Ende zu echten Begeisterungsstürmen hin. ❞❞
BODEN WAND DECKE

❞❞ Plakativ, kurzweilig und bisweilen provokativ zeichnete der renommierte Redner ein Bild der Unternehmenskultur, die mittels einfachen Mitteln zukunftsfähig wird. ❞❞
WOCHENSPIEGEL

❞❞ Stärken zeigen..., überraschen und in Erinnerung bleiben..., unwiderstehliche Angebote machen..., Abschied vom Mittelmaß... Wer das schafft, der sichert sich seinen Erfolg und verschafft sich die Pole-Position im Markt von morgen. ❞❞
PERSPEKTIVE, DAS MAGAZIN FÜR EUROPA-FOTO-FACHGESCHÄFTE

❞❞ Scherers Buch ›Die kleinen Saboteure‹ hat es bis auf Platz vier in der Wirtschaftsbestsellerliste geschafft und ist in der Reihe humorvoller Ratgeberliteratur zu sehen, die derzeit in der Arbeitswelt en voge ist. ❞❞
HANDELS-RUNDSCHAU

PRESSE-BERICHTE

❝ Der Höhepunkt des jährlichen Agenturfests war der Vortrag von des Business-Experten Hermann Scherer. ❞
SÜDWEST PRESSE

❝ Zum Auftakt gab Unternehmensberater und Autor Hermann Scherer Tipps für einen erfolgreichen Start in das Berufsleben. Sein Tipp: ›Keine Angst vor Verantwortung haben‹. ❞
MÜNSTERSCHE ZEITUNG

❝ Businessexperte Hermann Scherer ist der Meinung, dass Qualität allein nicht ausreicht: ›Wer nicht auffällt, fällt weg‹. ❞
DEUTSCHE ZAHNARZT WOCHE

❝ Investierte Zeit, die sich auszahlt. ❞
DEUTSCHE HANDWERKSZEITUNG

❝ Angebote kleiner Betriebe sind entweder auf das Allernötigste beschränkt oder aber mit Details überfrachtet. Ein ›fatales Versäumnis‹, sagt Scherer, denn mit dem Angebot könne der Betrieb punkten, ohne die Preisschraube nach unten drehen zu müssen. ❞
DEUTSCHES HANDWERKSBLATT

❝ Hermann Scherers Vortrag ist mit wertvollen Impulsen zum Aufstehen und Handeln eine ideale ›Motivationdosis‹, um den Erfolg vom Zufall zu befreien. ❞
WIRTSCHAFTSSPIEGEL

❝ Schriftliche Angebote sind keine administrativ-organisatorische Aufgabe. Vielmehr stellen sie eine aktive Verkaufsförderung dar und sollten so auch behandelt werden… Der Business-Trainer Hermann Scherer hat einige hundert derartige Schreiben von kleinen und mittleren Betrieben verglichen. Das Ergebnis war niederschmetternd: ›Die Offerten sind entweder auf das Allernötigste beschränkt oder aber mit Details überfrachtet, die keinen potentiellen Kunden interessieren‹, so der Autor des Buches ›Das überzeugende Angebot‹. ❞
ACQUISA DAS MAGAZIN FÜR MARKETING UND VERTRIEB

❝ Wie können Praxisinhaber ihren unternehmerischen – und damit auch persönlichen – Erfolg verstärken? ❞
DE FACTO TRENDS

❝ So schreiben Sie gute Angebote, ›Das überzeugende Angebot‹ von Hermann Scherer ❞
HAMBURGER ABENDBLATT

❝ Nur wer handelt, kommt voran! ❞
NEUE RUNDSCHAU

❝ Buch der Woche: ›Wie man Bill Clinton nach Deutschland holt‹ von Hermann Scherer. Der Autor weiß, wovon er schreibt. Das Buch lebt von den Erfahrungen des Managementtrainers. Es enthält eine Fülle guter Ideen und Beispiele für erfolgreiches Netzwerken. Das Buch ist gut strukturiert und unterhaltsam. ❞
HAMBURGER ABENDBLATT

❝ Die Zuhörer lassen sich von Scherers kurzweiligem Vortrag fesseln. Laut einem Teilnehmer ›von Kopf bis Fuss 199 Zentimeter Mut, Begeisterung und Leidenschaft‹. ❞
WILHELMSHAVENER ZEITUNG

❝ Begeisterte Gäste bei dem Clinton-Auftritt in der Schwabenhalle … ❞
AUGSBURG JOURNAL

PRESSE-BERICHTE

❝ Hermann Scherers praxisorientierter Vortrag mit einem Feuerwerk an Tipps und Ratschlägen sorgte ob der professionellen Präsentation nicht nur für gelegentliche Heiterkeit, sondern manch nachdenkliche Mienen. ❞
ETTENHEIMER STADTANZEIGER

❝ Langeweile, das merkten die Zuhörer gestern nach wenigen Augenblicken seines witzig aufgelockerten Vortrages, ist für den Motivator am Rednerpult ein Fremdwort. ❞
DONAUKURIER

❝ Zum Start spricht der Business- und Marketingexperte Hermann Scherer … Ihm geht es darum, Strategien zu finden, um den Erfolg vom Zufall zu befreien. ❞
FREIE PRESSE

❝ Mit viel Esprit und vor allem Humor verstand es der Redner die Zuhörer in Bad Dürheim zu begeistern. ❞
SÜDWESTPRESSE

❝ Seine rhetorische Virtuosität und seine ›griffigen‹ und zugleich witzigen Aussprüche wurden immer wieder vom begeisterten Applaus der vielen Zuhörer begleitet. ❞
SCHWARZWÄLDER BOTE

❝ Wer Vorträge über Wirtschaftsthemen üblicherweise für steif und einschläfernd hält, hat Hermann Scherer noch nicht gehört. ❞
DONAUKURIER

❝ Auftreten wie beim Rendezvous – Profi Hermann Scherer rät zu Höflichkeit und guter Vorbereitung. ❞
FOCUS

❝ Hermann Scherer begeisterte mit seinem Vortrag. ❞
SÜDDEUTSCHE ZEITUNG

❝ Mit viel Esprit, Eloquenz und Charme wies Hermann Scherer vor kurzem rund 75 Zuhörern beim Gewerbeverband Freising den Weg aus dem ›verdammten Mittelmaß zu mutigem Management von morgen‹ – so jedenfalls lautete Scherers Referatsthema. Zu lernen gab es selbst für die Ausgefuchstesten der Freisinger Unternehmer noch einiges. ❞
FREISINGER TAGBLATT

❝ Zielsicher zum Erfolg will Hermann Scherer die Kursteilnehmer führen. Deshalb flößt er ihnen Mut ein und verbessert ihre Kommunikationsfähigkeit. ❞
SÜDDEUTSCHE ZEITUNG

❝ Scherers Buch ›Die kleinen Saboteure‹ … hat es bis auf Platz vier in der Wirtschaftsbestsellerliste geschafft und ist in der Reihe humorvoller Ratgeberliteratur zu sehen, die derzeit in der Arbeitswelt en voge ist. ❞
HANDELS-RUNDSCHAU

❝ Der Freisinger Unternehmensberater Hermann Scherer hat den Ex-Präsident Bill Clinton für ein Zukunftsforum in Augsburg gewinnen können. Die Veranstaltung von 5.300 Besuchern ist sehr gut gelaufen. ❞
SÜDDEUTSCHE ZEITUNG

❝ Ein Virtuose seines Faches ist der Chef und Meister des Unternehmens, der internationale Trainer von Weiterbildungsorganisationen, Hermann Scherer. Er beschloss mit einem Highlight an Motivations-Entertainment den Tag. ❞
NORDBAYRISCHER KURIER

PRESSE-BERICHTE

❝❝ ... Hermann Scherer hatte viele Tipps parat, wie sich Kunden leichter ansprechen lassen. ❞❞
SAARBRÜCKER ZEITUNG

❝❝ Jeder Tag ist Schlussverkauf plädiert der Freisinger Konsumexperte in seinem Buch. ❞❞
FOCUS MONEY

❝❝ Hermann Scherer setzt auf Menschenkenntnis, Charme und Freundlichkeit. ❞❞
SÜDDEUTSCHE ZEITUNG

❝❝ ...einer der zehn besten Marketingexperten in Deutschland ❞❞
NEUE WESTFÄLISCHE ZEITUNG

❝❝ Multi-Talent beschreibt Wege zum Erfolg… die versammelte Unternehmerschaft applaudierte begeistert. ❞❞
OFFENBURGER ZEITUNG

❝❝ Die Spitzentrainer und Highlights des Jahres 1999. ❞❞
RTL

❝❝ Einer der auszog, um den (Ex)-Präsidenten zu holen. ❞❞
ANZEIGEN FORUM

❝❝ Hermann Scherer zog die Besucher sofort mit einem witzigen und plakativen Vortrag in seinen Bann. ❞❞
ANZEIGEN FORUM

❝❝ Mit Humor und rhetorischer Genialität fegte Scherer über die Bühne und zeichnete dabei Beispiele für Motivation und Überzeugungskraft an die Tafel. ❞❞
MAIN POST

❝❝ Eine unterhaltsame Rede zum Bäuerinnentag hielt der Unternehmensberater und Autor Hermann Scherer: Mit Mut und Leidenschaft erfolgreich. Der dynamische Vortrag begeisterte die Zuhörer mit viel humorvoll verpackter Information. ❞❞
BAYERISCHES LANDWIRTSCHAFTLICHES WOCHENBLATT

❝❝ Charmant-dynamischer Vortragsstil, mitreißende Rhetorik und eindrucksvolle Beispiele. Das vermittelte Hermann Scherer in seinem Vortrag. ❞❞
PERSPEKTIVE

❝❝ Hermann Scherer, bekannt als Clintons-Gastgeber, setzt mit professionellem Networking da an, wo Networking in der Regel aufhört. ❞❞
WIRTSCHAFT 10 PLUS

❝❝ Qualität genügt heute nicht mehr. Auch Unternehmensberater und Buchautor Hermann Scherer unterstreicht den Stellenwert dieser Erfolgsfaktoren… ❞❞
VERKEHRS RUNDSCHAU

❝❝ Mit Charme und Witz beleuchtete Scherer die Probleme und Fehler von Unternehmen im Kampf um Kunden… Scherer ist sicher, dass es wichtig ist, Dinge mit Herz und Leidenschaft zu tun… ❞❞
NEU-ULMER ZEITUNG

❝❝ Er zählt zu den Besten seines Faches. Seine Seminare sind gefragt – bei Marktführern und solchen, die es werden wollen … applaudierten vor Begeisterung. ❞❞
SÜDDEUTSCHE ZEITUNG

❝❝ … dem interessanten Auftritt des ›Spitzentrainers Hermann Scherer‹ ❞❞
SÜDDEUTSCHE ZEITUNG

PRESSE-
BERICHTE
ÜBERSICHT

Weitere Pressestimmen
finden Sie unter
www.hermannscherer.com

PreMedia Newsletter · April 2012	Seite 188
Deutschland Today · März 2012	Seite 189
Aargauer Zeitung · März 2012	
brand eins · März 2012	Seite 190
NetWorker · Januar 2012	Seite 191
PreMedia Newsletter · Oktober 2011	Seite 192
Rheinzeitung · Oktober 2011	Seite 193
all-in.de · Mai 2011	
DEHOGA Magazin · Januar 2010	
Kieler Nachrichten · März 2010	Seite 194
Kieler Nachrichten · März 2010	
Ostthüringer Zeitung · Februar 2010	
VIP-Zeitung · Januar 2010	Seite 195
Hamburger Abendblatt · Dezember 2009	Seite 196
Wissen - Karriere · Dezember 2009	
Nürnberger Zeitung · November 2009	
Nürnberger Nachrichten · November 2009	
Zeitung Hamburg, Menschen Märkte Medien · November 2009	Seite 197
Menschen Märkte Medien · November 2009	Seite 198
Visionär · Oktober 2009	
Business Bestseller · Oktober 2009	
IO New Management · September 2009	Seite 199
Mandat Managementberatung · September 2009	
Hamburger Abendblatt · Juli 2009	
Berner Zeitung · Juli 2009	
Oberösterreichische Nachrichten · Juni 2009	Seite 200
Bezirksrundschau · Juni 2009	
BWagrar · Mai 2009	
Neue Westfälische Zeitung · April 2009	
Schwarzwälder Bote · April 2009	Seite 201
Convention International · März 2009	
KRZ · März 2009	

PRESSE-BERICHTE ÜBERSICHT

Weitere Pressestimmen finden Sie unter www.hermannscherer.com

Bilanz · März 2009	Seite 202
Aktuell · März 2009	
Hannoversche Allgemeine Zeitung · Februar 2009	
Forum Der Auftakt · Januar 2009	
Mittelbayerische Zeitung · Januar 2009	Seite 203
Aarauner Nachrichten · Januar 2009	
Aarauner Nachrichten · Januar 2009	
Lobby Spezial · Januar 2009	Seite 204
Direkt · Januar 2009	Seite 205
Kieler Nachrichten · Januar 2009	
Die Lobby · Dezember 2008	
Perspektive · November 2008	
Vorarlberger Nachrichten · November 2008	Seite 206
Vorarlberger Nachrichten · November 2008	
Sulinger Kreiszeitung · Oktober 2008	
Wochenblatt · Oktober 2008	
Bayer. Landwirtschaftliches Wochenblatt · Oktober 2008	Seite 207
Verkehrsrundschau · Oktober 2008	
Rhein Zeitung · Oktober 2008	
econo · September 2008	
econo · September 2008	Seite 208
Convention International · September 2008	Seite 209
Perspektive · August 2008	
Bayer. Landwirtschaftliches Wochenblatt · August 2008	
Steuerberater intern · August 2008	
Markt intern · Juli 2008	Seite 210
Wirtschaft 10 Plus · Juli 2008	
Rhein Main Presse · März 2008	
AFA News · März 2008	
FOCUS Money · Juni 2008	Seite 211
AFA News · Februar 2008	Seite 212
News for Partners · Januar 2008	
Business Bestseller · Januar 2008	
Schwarzwälder Bote · November 2007	
Kleine Zeitung · November 2007	Seite 213
Hamburger Abendblatt · November 2007	
Badische Neueste Nachrichten · November 2007	

PRESSE-BERICHTE

esPresso · November 2007 — Seite 214

Oldenburger Nachrichten · Juni 2007 — Seite 215
Freie Presse · Mai 2007
FTD.de Wirtschaftsbücher · Mai 2007
DZW - Die Zahnarztwoche · Mai 2007

Handwerksblatt · Mai 2007 — Seite 216
Deutsche Handwerkszeitung · Mai 2007
Blick · Mai 2007

Neue Rundschau · März 2007 — Seite 217
Wilhelmshavener Zeitung · März 2007
Kieler Nachrichten · März 2007

Schaumburger Nachrichten · Februar 2007 — Seite 218
Stuttgarter Zeitung · Februar 2007
de facto TRENDS · Februar 2007
Ludwigsburger Kreiszeitung · November 2006

Financial Times Deutschland · November 2006 — Seite 219
Capital · Juni 2006
Donaukurier · Mai 2006

Focus · Juli 2006 — Seite 220

Druckspiegel · April 2006 — Seite 221
Forum · Dezember 2005
Schwarzwälder Bote · Dezember 2005
Südwestpresse · Oktober 2005

Saarbrücker Zeitung · Oktober 2005 — Seite 222
Süddeutsche Zeitung · November 2004
Freisinger Tagblatt · November 2004

Offenburger Tagblatt · Mai 2004 — Seite 223
Handelsrundschau · Dezember 2003
Augsburg Journal · Januar 2002

Freisinger Tagblatt · Dezember 2001 — Seite 224
Bild · Dezember 2001
Forum · Dezember 2001
Main-Tauber-Kreis · Mai 2001

PreMedia Newsletter – Events — April 2012

JJK verlagssoftware GmbH lud ein zum internationalen Branchentreff für lokale Tageszeitungen und Anzeigenblätter

7. Medienforum Krefeld am 21. März 2012 – Chancen intelligent nutzen, Erfolg aktiv gestalten!

Schärft den Blick für Chancenintelligenz – Der charismatische Business-Experte Prof. Hermann Scherer

Auch in diesem Jahr kann JJK auf ein erfolgreiches JJK Medienforum Krefeld zurückblicken. Über 170 Führungskräfte der Zeitungsindustrie aus Deutschland, Österreich, der Schweiz und den Niederlanden kamen am Mittwoch, den 21. März 2012 nach Krefeld ins Stadtwaldhaus, um beim jährlichen Branchentreff der Zeitungsindustrie dabei zu sein. Der gelungene Mix aus Best-Practice-Beispielen, Programm-Neuvorstellungen und hochkarätigen Business-Speakern ließ auch in diesem Jahr keine Langeweile aufkommen. Das schöne Frühlingswetter lud in den Pausen zum Verweilen im Biergarten des Krefelder Stadtwaldhauses ein.

Das diesjährige Medienforum Krefeld stand ganz im Zeichen der Chancenintelligenz. Chancen erkennen, intelligent nutzen und wenn möglich sogar aktiv erarbeiten, das war auch das Thema, mit dem Keynote-Speaker Hermann Scherer den Tag einleitete. Mit beeindruckenden Beispielen aus Handel, Wirtschaft, Zeitgeschehen und alltäglichem Leben bewies er, wie jedermann vom bloßen Mitläufer zum Mitgestalter und damit zum strahlenden Glückskind werden kann. Die Chancen richtig genutzt hat auch die Firma Typoserv aus Saarbrücken. JJK-Geschäftsführer Mark Jopp und TypoServ-IT-Leiter Mehdi Hakimi zeigten, wie dort der Anzeigenworkflow mit neuen Werkzeugen und einer nachhaltigen Prozessoptimierung in kürzester Zeit noch effizienter gestaltet werden konnte. Andreas Lehr von der Digital Data Services GmbH berichtete danach in seinem ebenso kompakten wie informativen Vortrag über neue Datenquellen, alternative Nutzungsmöglichkeiten und zukünftige Trends im Bereich Geomarketing.

Den Nachmittag leitete Gregor Schiffer von der FutureManagementGroup mit einem Vortrag über das Management der Zukunft ein. Mit zahlreichen Praxisbeispielen machte er deutlich, dass ein Unternehmen nur mit nach vorn gerichtetem Blick sicher in die Zukunft geführt werden kann. Einen großen Schritt von der analogen Vergangenheit in die digitale Zukunft hat auch die RAG Rheinische Anzeigenblatt GmbH & Co. KG in Köln gemacht. Ulf-Stefan Dahmen, seines Zeichens Chefredakteur bei der RAG, berichtete im zweiten Best-Practice-Vortrag des Tages, wie einfach mit JJK die systematische Neuorganisation von 11 Lokalredaktionen

Mark Jopp, Geschäftsführer JJK, stellt die praxisnahe Weiterentwicklung der umfassenden Softwareproduktpalette in den Fokus der Unternehmensphilosophie. Dieses Jahr wurde das erstklassig entwickelte JJK-Bildarchiv als Neuheit präsentiert.

Seite 52

PreMedia Newsletter · April 2012

❞ Mit beeindruckenden Beispielen aus Handel, Wirtschaft, Zeitgeschehen und alltäglichem Leben bewies Hermann Scherer, wie jedermann vom bloßen Mitläufer zum Mitgestalter und damit zum strahlenden Glückskind werden kann. ❞

PRESSE-BERICHTE

Hermann Scherer wird als Top-Referent auf der Erfolgs-Convention 2012 zu Gast sein
Erfolgsautor kommt nach Gera

Gera (pt) - Im neuesten Werk des 47-jährigen Business-Experten geht es um Chancen, besser gesagt um Chancenjäger. Er nennt sie wie sein Buch: „Glückskinder". Einige Menschen hätten diese besondere Fähigkeit, schreibt er. Es sind zumeist erfolgreiche Menschen, die scheinbar alles richtig machen, denen offenbar alles gelingt. Scherer hat sie sich genau angeschaut und ihre besondere zu gehen.

Wie Scherer. Der Exot, der regelmäßig seine Kleidung verschenkt und keine Altlasten duldet. Gut 55 Minuten hat sein letzter Umzug gedauert. Er ist permanent unzufrieden. Das treibt ihn voran. Er ist erfolgreich, dabei ohne Hoffnung und glaubt nicht an Business-Pläne, schreibt er über sich. Denn hoffen und planen führt dazu, dass Chancen nicht gesehen und somit nicht

Deutschland Today · März 2012

❞ Scherer glaubt nicht an Business-Pläne. Denn hoffen und planen führt dazu, dass Chancen nicht gesehen und somit nicht genutzt werden. ❞

«Chancen sind so was Gewöhnliches wie Teebeutel»

Chancen-Intelligenz Buchautor und Motivationstrainer Hermann Scherer erklärt, wieso sie in unserem Leben so wichtig ist

VON SILVIA SCHAUB

«Glückskinder sind so verrückt, dass sie sogar glauben, die Welt verändern zu können. Gerade deshalb gelingt es ihnen – manchmal.» Wenn jemand auf einen solchen Schlusssatz kaum endenden Applaus erhält, dann hat er sein Publikum vorher geschickt in die Rolle der Fans manövriert. Hermann Scherer hat das nach nur einer Stunde geschafft. Auf Einladung der Firma Paul Mitchell referierte er in Zürich über seine Lieblingsthemen Glückskinder und Chancen-Intelligenz.

Chancen bieten sich allen

Werden wir jetzt künftig nicht bloss an unserem IQ und EQ gemessen, sondern auch noch an unserem CQ? Wenn es nach dem deutschen Motivationstrainer mit Wohnsitz in Herrliberg am Zürichsee ginge, schon. «Allerdings kann man die

Aargauer Zeitung · März 2012

❞ Alte Zöpfe abschneiden, sich von Gewohnheiten verabschieden, mit der eigenen Geschichte brechen – und loslassen können. Der ganz in Schwarz gekleidete, 1,99-Meter-Mann lebt diese Philosophie auch persönlich. ❞

PRESSE-
BERICHTE

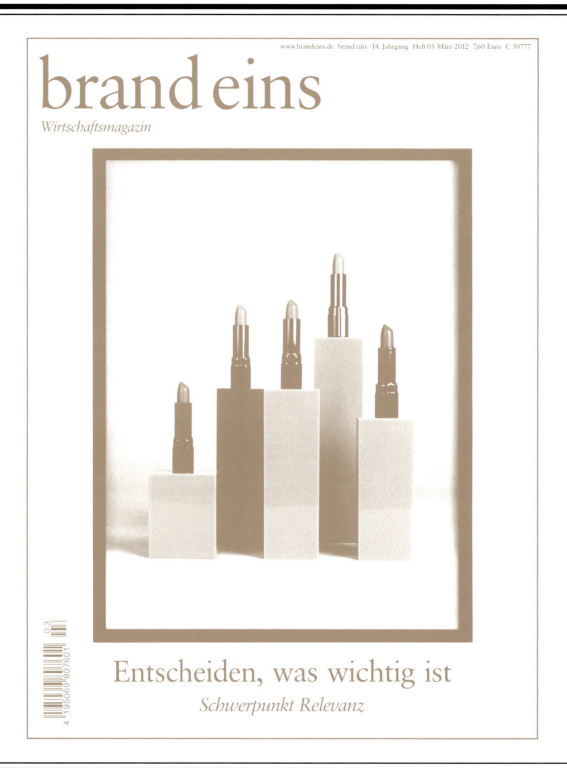

brand eins · März 2012

❞ Der Mann, der sein Leben vermarktet.
Hermann Scherer verdient gut daran, seinen Zuhörern zu erzählen,
sie sollten ihr Leben nicht vergeuden. ❞

NetWorker · Januar 2012

❞❞ Die meisten Menschen können nicht wirklich rechnen. Manchmal ist ein Strafzettel billiger als ein Parkticket und manchmal ist es ein gutes Geschäft, alle Lose einer Tombola zu kaufen, um den so gesicherten Gewinn dann zu verkaufen. ❞❞

PreMedia Newsletter – Das aktuelle Medieninterview OKTOBER 2011

Die tägliche Chance, erfolgreich zu sein

PreMedia Newsletter:
Herr Scherer, Sie haben über dreißig Bücher geschrieben, aber Ihr neuestes Buch „Glückskinder: Warum manche lebenslang Chancen suchen - und andere sie täglich nutzen" ist anders als alle anderen zuvor. Täuscht der Eindruck?

Hermann Scherer: Der Eindruck täuscht nicht. Dies ist mein bislang persönlichstes Buch. Was mich auch einigen Mut gekostet hat. Nach so vielen Business-Ratgebern wollte ich etwas grundlegend Neues machen. Heraus kam mein erstes reinrassiges Sachbuch. Ich habe noch nie für eine so breite Zielgruppe geschrieben. Viele Menschen werden mich und hoffentlich auch sich selbst neu kennen lernen, wenn sie dieses Buch gelesen haben.

PreMedia Newsletter:
In Ihrem Buch geht es um „Glückskinder", denen scheinbar alles gelingt. Wie wird man ein „Glückskind", außer dass man schlicht Glück hat?

Hermann Scherer: Das Glück, das ich meine, hat nichts mit dem Zufall zu tun. Gemeint ist vielmehr der Zustand des Glücklichseins. Neuerdings sagt man auch Erfüllung dazu.

„Wir haben unendlich viele Chancen im Leben. Aber die meisten erkennen wir nicht. Wir sehen die Bäume vor lauter Wald nicht."
Hermann Scherer

Ich beschreibe im Buch, wie sich jeder dieses Glück erarbeiten kann. Allerdings: Planung ersetzt Zufall durch Irrtum, denn im Leben kommt es oft anders als man denkt. Ich glaube vielmehr daran, dass glücklich werden kann, wer seine Chancen im Leben erkennt und nutzt und genau darum geht es, um die Chancenintelligenz. Und für jeden hält das Leben unendlich viele Chancen bereit.

PreMedia Newsletter:
Sie sprechen von „Chancenintelligenz" und dem „Chancenblick" - so heißt neuerdings auch Ihr Newsletter. Folgt man Ihnen, so haben die einen den Chancenblick, während die anderen auf diesem Auge blind sind. Ist die Welt wirklich so schwarz-weiß?

Hermann Scherer: Nein, die Welt ist bunt. Zwischen chancenintelligent und chancenblind gibt es alle Schattierungen. Mir geht es darum, die beiden Pole der Skala sehr deutlich zu zeichnen, damit der Leser erkennt, dass die meisten von uns zu wenig wagen. Wir verschließen die Augen vor den Möglichkeiten, die sich uns bieten und machen weiter wie bisher oder so, wie „man" es halt macht. Wir verbringen so viel zu viel Zeit im Wartesaal des Lebens und leben gar nicht das Leben, das wir wollen. Der richtige Weg ist dort, wo das Herz hin will. Wir wissen alle, dass wir uns in der letzten Stunde nicht über

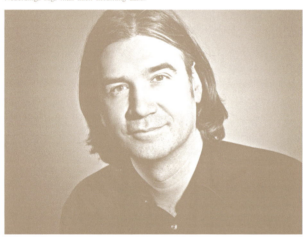

„Die meisten Menschen können nicht wirklich rechnen. Sie schätzen Sachverhalte, die sich leicht mit Grundschulmathematik ausrechnen ließen, völlig falsch ein."
Hermann Scherer

PreMedia Newsletter · Oktober 2011

❝ Wir haben unendlich viele Chancen im Leben.
Aber die meisten erkennen wir nicht.
Wir sehen die Bäume vor lauter Wald nicht. ❞

PRESSE-BERICHTE

SEITE 10 — Stadt Neuwied — NR. 247 · MONTAG, 24. OKTOBER 2011

Haus für Berufsgestaltung wurde zur Food Akademie

Lebensmittelfachschule 75-jähriges Bestehen gefeiert

Von unserer Mitarbeiterin Andrea Fehr

■ Neuwied. „Heringsbändiger" nannte ebenso augenzwinkernd wie liebevoll der Neuwieder Volksmund 1936 die ersten Studenten, die im Haus für Berufsgestaltung des Lebensmitteleinzelhandels zusätzliche Kenntnisse erwarben. Im Laufe der vergangenen 75 Jahre hat der Begriff „Neuwied" in der Lebensmittelwirtschaft einen sehr guten Ruf erhalten. Wer heute sagen kann, „Ich bin ein Neuwieder", hat an der heutigen Food Akademie umfangreiches Wissen öffnung. Im Zeitraffer führten Studenten und Dozenten der Schule in 90 Minuten durch die 75-jährige Geschichte. Eingebettet in kleine Spielszenen, zeichneten alte Fotos die Entwicklung nach. Eine Reihe von Gästen und Ehemaligen konnte Schulleiter Thorsten Fuchs begrüßen, darunter den Abschlussjahrgang 1964, zu dem auch Friedhelm Dornseifer, Präsident des Bundesverbandes des Deutschen Lebensmittelhandels, zählte.

Die Grußworte der Ehrengäste wurden geschickt in die Dramaturgie der Schulgeschichte eingebettet. So zitierte Friedhelm Dornseifer die Eröffnungsrede von 1936, während im Hintergrund per Beamerprojektion ein Foto vom Festakt 1936 zu sehen war: „Im Einzelhandel sind Persönlichkeiten mit Fachwissen gefordert. Dieses Unterricht wurde eingestellt, die Schule diente als Behelfslazarett. Schon 1947 konnte der Unterricht wieder aufgenommen werden, und 1950 gründete sich der Förderverein. Nikolaus Lutz, Vorsitzender des Vereins der Freunde und Förderer der Berufsfachschule des Lebensmittelhandels und Absolvent von 1952/53, erinnerte an den Pioniergeist jener Zeit des Wiederaufbaus, die auch zur Gründung des Fördervereins führte. 1961 konnte die Schule ihr erstes Jubiläum feiern. „Aus der Praxis für die Praxis", lautete das Credo. Dies feierte die Schule mit der Eröffnung einer eigenen Ladenstraße zu Schulungszwecken, aus der später der Neuwieder Supermarkt wurde. Der rheinland-pfälzische Minister für Verbraucherschutz, Jochen Hartloff, betonte, dass von Neuwied aus viele Entwicklungen in der Lebensmittelbranche bis auf die Höhe der Zeit begleitet wurden. Oberbürgermeister Nikolaus Roth unterstrich die Verbundenheit von Schule und Stadt.

Einen Blick in die Zukunft warf Professor Ingeborg Henzler, die von 1980 bis 1986 Dozentin in Neuwied war. Sie skizzierte die Weiterentwicklung mit dem Trend zu Fernstudien und dem wachsenden Bedarf an maßgeschneiderten Weiterbildungsangeboten. „Neuwied war, ist und soll ein entscheidender Netzwerkknoten für die Lebensmittelwirtschaft sein."

Die ebenso unkonventionelle wie unterhaltsame Festrede hielt der Autor Hermann Scherer, der 1984 selbst als Absolvent die Schule ver-

Festredner Hermann Scherer (von links), OB Nikolaus Roth, Nikolaus Lutz vom Förderverein, der Geschäftsführer der Fachschule Jörg Müller, Schulleiter Thorsten Fuchs, Friedhelm Dornseifer (Präsident des Bundesverbandes des deutschen Lebensmittelhandels), Professorin Ingeborg Henzler, Landrat Rainer Kaul und Verbraucherschutzminister Jochen Hartloff gratulieren der Einrichtung zum 75-jährigen Bestehen. Foto: Andrea Fehr

---

Rheinzeitung · Oktober 2011

❝ Die ebenso unkonventionelle wie unterhaltsame Festrede hielt der Autor Hermann Scherer, der 1984 selbst als Absolvent die Schule verließ und heute als Managementtrainer tätig ist. ❞

Allgäulmpuls – Motivationstrainer Hermann Scherer: «Ich kenne kein Grau»

«Lassen Sie los, geben Sie Gas, zünden Sie die Welt an, gute Nacht!» Wenn jemand auf solch einen Schluss-Satz starken Beifall bekommt, dann hat er sein Publikum vorher geschickt in die Rolle der Fans manövriert, die ihm alles abkaufen. Hermann Scherer ist das nach eineinhalb Stunden im Kemptener Kornhaus gelungen. Dort referierte der 47-Jährige im Rahmen der Vortragsreihe «Allgäu Impuls - Von den Besten profitieren» über die «Chancen-Intelligenz».

Schwarzer Anzug, weißes Hemd. Das passt. «Ich kenne kein Grau, nur Schwarz und Weiß», sagt der langhaarige Mann, der behauptet, ein polarisierender Mensch zu sein. Und so ist es auch. Entweder man schüttelt den Kopf über die Thesen und Sprüche des Querdenkers, oder man findet seine Ansichten fast schon genial. Egal wie, auf jeden Fall hängen die Zuhörer an Scherers Lippen, denn er versteht es meisterhaft, zu unterhalten.

Nicht alles ist neu, was der Chef von «Unternehmen Erfolg» (Freising) und Mitveranstalter der Reihe «Allgäu Impuls» da im Kornhaus erzählt. Sprüche von Albert Einstein, von Martin Luther King oder jenem Häuptling der Dakota-Indianer, der da sagte, «wenn Dein Pferd tot ist, wird es Zeit abzusteigen», haben die meisten im Saale schon mal gehört. Aber nicht so rasant hintereinander abgefeuert und witzig präsentiert.

Scherer ist eigentlich kein Berater - zumindest nicht an diesem Abend - vielmehr ein ausgezeichneter Entertainer. Kein Zuhörer behält den Überblick bei

---

all-in.de · Mai 2011

❝ Ich kenne kein Grau, nur Schwarz und Weiß, sagt der langhaarige Mann, der behauptet, ein polarisierender Mensch zu sein. ❞

Spannende Thementage auf der DEHOGA

Hochkarätige Referenten bieten ein vielseitiges Fachprogramm – Tag für Tag in Halle 5

Spannende Branchenthemen, prominente Referenten und anregende Ideen präsentieren die DEHOGA-Fachgruppen auf der INTERGASTRA in Halle 5. Täglich zwischen 13:15 Uhr und 14:45 Uhr.

Tag der Hotellerie – Samstag, 6. Februar 2010

Tag der Ausbildung – Sonntag, 7. Februar 2010

DEHOGA Magazin · Januar 2010

❝ Sein Thema: Mit Mut und Leidenschaft zum Erfolg im Beruf: Jenseits vom Mittelmaß – Spielregeln für die Pole Position. ❞

PRESSE-
BERICHTE

Kieler Nachrichten · März 2010

❝❝ Witz, Leidenschaft und eine Sprache, die jeder versteht – das sind die Markenzeichen Hermann Scherers. ❞❞

Kieler Nachrichten · März 2010

❝❝ Er kann komplizierte Zusammenhänge nicht nur verständlich, sondern auch vergnüglich formulieren – und war insofern die Idealbesetzung... ❞❞

Erfolgsforum startet neue Serie

Businessexperte Hermann Scherer gibt Tipps über Networking für Fortgeschrittene

Von OTZ-Redakteur Henning Johr

Das Erfolgsforum Thüringen mit ausverkauften Sälen im vorigen Jahr startet eine neue Auflage mit Infotainment-Auftritten von hochrangigen Experten aus Wirtschaft und Gesellschaft.

Den Auftakt der Vortragsreihe, die unter anderem von der Zeitungsgruppe Thüringen organisiert wird, gestaltet am Dienstag nächster Woche Businesstrainer Hermann Scherer.

nehmen auf, die sich schon nach kurzer Zeit unter den Top 100 des deutschen Handels platzierten. Parallel wurde er internationaler Unternehmensberater und Ausbilder in der weltweit größten Trainings- und Beratungsorganisation. Er ist Autor von über 20 Büchern, die unter anderem in Brasilien, Korea und Thailand erschienen sind.

In der Reihe von insgesamt zehn Vorträgen bis November wird zum Beispiel der ehemalige FIFA-Schiedrichter Urs

Ostthüringer Zeitung · Februar 2010

❝❝ Scherer überzeugt davon, dass persönliche und beruflich vernetzte Beziehungen Synergieeffekte und Wettbewerbsvorteile für individuellen Erfolg bedeuten können. ❞❞

Ein emotionales Feuerwerk
Start in zwei Tage voller faszinierender Referate

IRENE THALI

Die wichtigste Plattform für innovative Unternehmer der Schweizer Wirtschaft – das Alpensymposium – ist eröffnet. Anlässlich der 8. Ausgabe der beliebten Veranstaltung im Victoria-Jungfrau Grand Hotel sorgten der Organisator und sein erster Referent für emotionale Höhepunkte.

■ Alpensymposium 2010 – Emotionsgeladen. Dieses Wort trifft den Start des 8. Internationalen Alpensymposiums im Victoria-Jungfrau Grand Hotel wohl am besten. Für ein wahres Feuerwerk an Emotionen beim Publikum sorgte nicht nur der erste Referent – der Bayer Hermann Scherer –, sondern auch Alpensymposium-Begründer Oliver Stoldt.

Wechsel und Chance

Das diesjährige Motto «Durchbruch! Change – Challenge – Chances» passt dieses Jahr wohl keinen besser als auf den Organisator selber. Sein 2009 war geprägt von Wechsel, Herausforderung und Chance. Oliver Stoldt verliess im vergangenen Sommer nach langer Tätigkeit die GriwaGroup in Grindelwald (diese Zeitung berichtete), um sich einer neuen Herausforderung zu stellen: Seit September leitet er die Swiss Sales Group in Horgen – 1990 gegründet ist diese Unternehmung heute die führende Marketing- und Verkaufsorganisation für Hotels und Eventlocations in der Schweiz. «Das Alpensymposium ist für mich aber nach wie vor eine Freizeitbeschäftigung», so Stoldt in seiner Eröffnungsrede. Auch dieses Jahr darf der Gastgeber des Alpensymposiums hochkarätige Referenten und Persönlichkeiten in Interlaken begrüssen. Namen wie Eckart von Hirschhausen, Gerold Bührer, Rudolf Stämpfli zieren die Referentenliste. Und auch die Schweizer Unternehmerin des Jahres, Barbara Artmann, Inhaberin und CEO der Künzli Swiss Schuh AG, konnte für den Anlass gewonnen werden. «Ich habe bei der Swiss Award Gala richtig mitgezittert», freut sich Stoldt über den Preisgewinn seiner Referentin.

Hermann Scherer – der erste Referent am Alpensymposium – zog sein Publikum auf charmant-dynamische Weise in seinen Bann. Seine Losung: Sexappeal statt Mauerblümchen!
FOTO: IRENE THALI

Charmant und dynamisch

Mitgefiebert hat auch das Publikum. Und zwar beim ersten Referenten am Alpensymposium. «Jenseits des Mittelmasses!» Das ist der Anspruch, den Hermann Scherer erhebt. Er trägt den Ruf eines konsequent praxisorientierten Businessexperten, hat eigene Unternehmen aufgebaut – alle wurden zu Marktführern. Die «Süddeutsche Zeitung» betitelt Scherer, der Betriebswirtschaft studiert hat, als einen der Besten seines Faches. Der Referent mit dem charmant-dynamischen Vortragsstil riss seine Zuhörerschaft vom ersten Moment an mit. Seine Losung für persönlichen und unternehmerischen Erfolg: Sexappeal statt Mauerblümchen! Gleichheit erzeugt Gleichgültigkeit, wir leben in einer «Zuvielisation». Wer seine Produkte verkaufen will, muss auffallen. Mit zahlreichen Anekdoten zeigte Scherer auf, was passiert, wenn man sich vom Mittelmass weg in Richtung Exzellenz bewegt. Das Publikum baute er immer wieder auf spielerische Art in sein Referat ein.

Mut, Innovation und Emotion

Doch was für moderne Unternehmen und Produkte gilt – gilt im übertragenen Sinne auch für den Menschen selbst. Die wenigsten sind statistisch gesehen zufrieden mit ihrem Leben. Auch weil sie ihre Chancen nie nutzen, den Mut nicht haben, auch mal einen Fehler zu begehen. «Chancen gehen nie verloren», so Scherer, der auch an der Universität in St. Gallen unterrichtet, «sie werden nur von anderen genutzt.» Eine weitere Maxime des Mutmachers und Blickrichtungsveränderers, wie sich der Referent gerne selber bezeichnet, lautet: «Morgen – das ist der Tag, der nie stattfindet.» Wer etwas ändern will, soll heute schon damit anfangen. «Wir sind Studenten des Misserfolgs. Wir studieren viel zu oft, warum etwas nicht geht.» Dabei machen deutlich gelebte Visionen «sexy». Das Problem liegt laut Scherer darin, dass viele Menschen nicht die Fähigkeit besitzen, die Möglichkeiten zu sehen ohne die eigene Meinung darüber mit einzubeziehen. «Und die eigene Meinung ist in 90 Prozent der Fälle negativ.» Sein feuriges Plädoyer für mehr Mut, Innovation und Emotionen kam beim Publikum an. Und trotz der zahlreichen Lacher, haben Scherers Aussagen wohl den einen oder anderen Zuhörer zum Nachdenken bewegt.

Nr. 100570, online seit: 19. Januar – 14.23 Uhr

Helsana als Presenting Sponsor

Für das 8. Alpensymposium konnte die Helsana als Presenting Partner gewonnen werden. In einer kurzen Rede zu Beginn der Veranstaltung stellte Philippe Signer, Leiter Konzernbereich Privatkunden, Helsana, die Unternehmung dem Publikum vor. Der grösste Krankenversicherer der Schweiz engagiert sich für einen Wechsel in der Gesundheitspolitik. Signer verglich die Gesundheitspolitik in der Schweiz mit den Neat-Tunnelbau: Es braucht eine Vision, Weitsicht, Umsicht und Zuversicht um an das Ziel zu kommen. Signer wünscht sich für die Zukunft weniger «Kantöndligeist» bei den Krankenversicherern, denn eine kleinräumige Versorgung sei ineffizient. (it)

VIP-Zeitung · Januar 2010

❞ Hermann Scherer – der erste Referent am Alpensymposium – zog sein Publikum auf charmant-dynamische Weise in seinen Bann. ❞

PRESSE-
BERICHTE

Hamburger Abendblatt · Dezember 2009

❝❝ TOP TEN – Bücher des Jahres:
1. Jenseits vom Mittelmaß von
Hermann Scherer ❞❞

Wissen - Karriere · Dezember 2009

❝❝ Von den Besten profitieren –
Hermann Scherer: Ein Veranstaltungskonzept
auf Expansionskurs ❞❞

Nürnberger Zeitung · November 2009

❝❝ Kundenservice und Netzwerken
funktionierten daher wie ein Konto: Nur wer etwas
einbezahlt, kann auch abheben. ❞❞

Nürnberger Nachrichten · November 2009

❝❝ Der Erfolg hängt zu 90 Prozent von
guten Kontakten und Imagepflege ab, nur zu
zehn Prozent zählt die Leistung. ❞❞

menschen märkte medien

Forum Kundenmanagement

04. Januar 2010
Nr. 1/4. Jahrgang

Tel. +49 921 802 702
www.concept-card.de

menschen märkte medien hanseatisch

Liebe Forumsteilnehmer,

Werbewelt im Wandel: Chancen für die AboCard – unter diesem Motto trafen wir uns nun bereits zum fünften Mal beim Forum Kundenmanagement. Dieses Jahr ganz im Norden Deutschlands, im Lindner Hotel Am Michel in der Hansestadt Hamburg. Unweit von HafenCity, Speicherstadt und den St.-Pauli-Landungsbrücken. Hamburg, das Tor zur Welt, in dem traditionsgemäß immer mindestens eine leichte Brise zu verspüren ist.

Frischer Wind

Rainer Saalfrank als Sprecher der VVS-Geschäftsführung drückte aus, was dieser Tag Ihnen bringen sollte: Strategische Ansätze und Wissenswertes rund um das Thema Kundenbindung unter den aktuellen Bedingungen, fachkundig moderiert von Prof. Dr. Thomas Breyer-Mayländer. Referenten, die Ihnen durch die Vorträge viele Impulse mitgeben und inspirierende Interaktion – auch während des abendlichen franko-italienischen Genusses im Restaurant „Au Quai" mit Panoramaterrasse direkt an der Elbe. Ganz hanseatisch formuliert: Wie eine frische Brise sollte dieser Tag für Sie sein. Ein impulsgebender Windhauch, der ankam. Das zeigten Sie uns mit Ihrem durchweg guten Feedback, für das wir Ihnen herzlichen Dank sagen.

Windmühlen bauen

Wir luden Sie mit einem alten chinesischen Sprichwort ein. Ganz im Sinne von „Wenn der Wind des Wandels weht, bauen die einen Mauern und die anderen Windmühlen" wünschen wir Ihnen jede Menge Baustoff für Ihre Windmühlen durch das Forum Kundenmanagement in Hamburg.

Ihr CCC-Team

Jenseits vom Mittelmaß
Spielregeln für die Pole-Position in den Märkten von Morgen

„Es hat Sex-Appeal" würden die meisten Manager nicht über ihr Unternehmen sagen. Doch genau diese Eigenschaft ist gefragt. Innovativ, leidenschaftlich und sexy hat es beste Chancen, in den Märkten von Morgen die Pole-Position zu erreichen. Unternehmensberater Hermann Scherer gab Impulse, wie Unternehmen sexy werden und Kunden unwiderstehlich anziehen.

Keine Frage, die „Basics" müssen stimmen. Allerdings garantieren primäre Kriterien wie Bedarf, Nutzen und Qualität schon lange nicht mehr den Unternehmenserfolg. Heute gehört weit mehr dazu. Bei vielen Kernkompetenzen ist das Ende der Fahnenstange erreicht. 80 Prozent aller Produkte sind austauschbar, sagt Stiftung Warentest. So geht es nicht mehr um das Leistungsspektrum. Im „War for Eyeballs" Aufmerksamkeit der Kunden binden, ist eines der Zauberworte. Höchstens 20 Sekunden sind Menschen durchschnittlich in der Lage, sich zu konzentrieren. Diese Zeit gilt es zu nutzen.

Den Qualitätswettbewerb gewinnen ohne Qualität zu kommunizieren ist nicht möglich – dann

bleiben Unternehmen erfolglos. Beispielhaft landete Mercedes-Benz mit erwiesenermaßen hervorragender Werkstättenqualität in einer Kundenzufriedenheitsrangliste nur auf Platz 14. Beleg für exzellente Qualität, die schlicht nicht kommuniziert werden konnte. Bedeutung gewinnen auch sekundäre Kriterien wie Zusatznutzen und Qualitätssurrogate. Selbstverständlich begleitet von perfektem Service. „Qualitätsersatzstoffe, sollen – gerade bei vergleichbarer Güte – helfen, ein Produkt beziehungsweise eine Dienstleistung zu bewerten. Angenommen, Sie gehen zu einem neuen Allgemeinarzt. Auf dem Flur läuft Ihnen die Sprechstundenhilfe entgegen, ihr weißer Kittel ist von oben bis unten mit Blut verschmiert. Welcher Gedanke liegt da wohl nahe? „Wenn die so arbeiten, wie die aussieht, dann ...", verbildlicht Scherer.

Emotionales Marketing wird immer wichtiger. Sind Unternehmen sich über bewusste genauso wie über unbewusste Markenerwartungen im Klaren, wissen sie, welche Kundenwünsche sie auch subliminal - Below the line erfüllen. Emotionen als Mittel der Kundenbindung. Wobei Kundenzufriedenheit und -loyalität nicht übereinstimmen müssen, um Kunden zu binden. Die Software des Unternehmens SAP ist für Scherer eines der auffallendsten Beispiele. Die Bedeutung emotionalen Marketings belegt das Beschwerde-Paradoxon.

Fortsetzung auf Seite 3

INHALT:

In Kontakt bleiben

Dialogmarketing im rechtlichen Spannungsfeld

Kulturgut Tageszeitung
Seite 2

Best Practice

Profitcenter Kundenkarte

Verlage als „Stadtaufmischer"
Seite 3

Kundenbindung

Kommunikationspolitik am Puls der Zeit

Gefühlte Abonnementkosten
Seite 4

In der Praxis

Strategien und Herausforderungen
Seite 5

Nur mit Multipartnerkarte
Kommunikation und Kundenbindung im Handel

Handel ist Wandel, bedeutet, sich ständig zu verändern. Keine Chance, sich auf einmal erreichten Lorbeeren auszuruhen.

„Wer nicht mit der Zeit geht, geht mit der Zeit." Hans-Jürgen Kendziora, Unternehmensberater, Be.st Consult, weiß nach 30 Jahren verantwortlicher Tätigkeit im Handel, worauf es ankommt. Und empfiehlt jedem Handelsunternehmen die Teilnahme an einem gut gemachten Kundenkartensystem.

Es ist eine lebhafte und vibrierende Branche. Täglich treffen im Handel 2,5 Millionen Beschäftigte auf 50 Millionen Kunden. Pulsierend, aber schwierig. Um die Probleme der beteiligten Unternehmen deutlich zu machen, beginnt Kendziora mit einer Bestandsaufnahme: In den letzten 30 Jahren veränderten sich die Vertriebsformen stark.

Kein Internetboom im Handel

Dabei halbierte sich die Anzahl inhabergeführter Unternehmen seit 1996; eindeutige Gewinner dieses Zeitraums sind Fachmärkte und Discounter. Keine Veränderungen hingegen bei den Versendern. Kendziora geht trotz Internetboom von relativ konstant sechs Prozent versandhandelsaffinen Kunden aus. „Eine Sache, die keiner so richtig versteht, ist die Zunahme der Verkaufsfläche von 95 Millionen auf 125 Millionen Quadratmeter bei gleichzeitig stagnierenden Umsätzen", resümiert der Unternehmensberater die Situation im Handel als gnadenlosen Verdrängungswettbewerb mit wenig Profilierung, bei dem Qualität in den Hintergrund rückt und sich alles um den Preis dreht.

Absolute Priorität Preis, diese Strategie stimmt Kendziora bedenklich: „Im Kampf um Kunden fließt in die Sonderangebotswerbung und die Taktung der Prospekte sehr viel Geld.

Fortsetzung auf Seite 2

Zeitung Hamburg, Menschen Märkte Medien · November 2009

❞❞ Auf dem Flur läuft Ihnen die Sprechstundenhilfe entgegen, von oben bis unten mit Blut verschmiert. Welcher Gedanke liegt da wohl nahe? ›Wenn die so arbeiten, wie die aussieht, dann...‹, verbildlicht Hermann Scherer. ❞❞

PRESSE-
BERICHTE

Interview: Hermann Scherer über Verlage als „Stadtaufmischer"

Menschen Märkte Medien · November 2009

❝❝ Werden Sie Visionär.
Visionen machen Menschen charismatisch,
Unternehmen ›sexy‹. ❞❞

Mit Netzwerken Mehrwert schaffen

Wir alle betreiben Networking – die Frage ist nur, wie strategisch wir dabei vorgehen

Text und Foto: Hermann Scherer

Visionär · Oktober 2009

❝❝ Wir alle betreiben
Networking – die Frage ist nur,
wie strategisch wir dabei vorgehen. ❞❞

Die Pole-Position in den Köpfen besetzen

Wie es Unternehmen gelingt, durch Transferintelligenz, Guerilla-Marketing, Innovationsmanagement und konsequente Arbeit von der »toten Mitte« in die Erfolgszone zu gelangen.

Business Bestseller · Oktober 2009

❝❝ Wie es Unternehmen gelingt, durch Transferintelligenz,
Guerilla-Marketing, Innovationsmanagement und konsequente Arbeit
von der toten Mitte in die Erfolgszone zu gelangen. ❞❞

PRESSE-BERICHTE

IO New Management · September 2009
❞❞ Normal sein genügt erfolgreichen Unternehmen nicht – Wer der Konkurrenz voraus sein will, muss den Mut haben, anders zu denken und zu handeln. ❞❞

Mandat Managementberatung · September 2009
❞❞ Ich habe das Buch aus der Hand gelegt und inspiriert angefangen, ein neues Projekt anzugehen. Meine Empfehlung: Sehr lesenswert. Susanne Fiss ❞❞

Hamburger Abendblatt · Juli 2009
❞❞ Jenseits vom Mittelmaß – Buch der Woche im Hamburger Abendblatt ❞❞

Berner Zeitung · Juli 2009
❞❞ Produkte werden immer gleicher. Was sie unterscheidet, ist nur noch die Vermarktung. Täuschung? Ein zu hartes Wort, findet der Profi. ❞❞

PRESSE-
BERICHTE

Oberösterreichische Nachrichten · Juni 2009

❞❞ Viele Unternehmer sind besser als der Kunde es registriert. ❞❞

Bezirksrundschau · Juni 2009

❞❞ Wunderbar, aber man muss sich immer noch verbessern! ❞❞

BWagrar · Mai 2009

❞❞ Temporeich mit viel bayerischem Charme und Humor stellte Hermann Scherer seine Ideen rund um Produkte, Märkte und innovative Verkaufsstrategien vor. ❞❞

Neue Westfälische Zeitung · April 2009

❞❞ Den Durchblick behalten: Hermann Scherer zeigt den Gästen, was passiert, wenn man den Sinn fürs Wesentliche verliert. ❞❞

»Networker« haben die Nase vorn

»Denkanstöße 2009«: Für Hermann Scherer ist Erfolg das Ergebnis vo

Von Heike Blottner

Hermann Scherer hat in Rottweil »Denkanstöße« gegeben, wie man mehr aus seinen Talenten machen kann. Foto: Kienzler

Rottweil. Manche Menschen bringen es fertig, zu jedem Anlass die richtige Telefonnummer aus dem Ärmel zu schütteln, um einen kompetenten Rat zu bekommen, an eine entscheidende Information zu gelangen. Ist das Zufall? Ganz und gar nicht, meint der Unternehmer Hermann Scherer. Sie sind einfach exzellente »Networker«. Das war seine Botschaft gestern Abend vor knapp 400 Zuhörern im Rottweiler Kraftwerk: Solchen Menschen ist beruflicher Erfolg garantiert.

»Denkanstöße 2009« — von den Besten profitieren nennt sich das von Scherers »Unternehmen Erfolg« und dem Schwarzwälder Boten initiierte, von den Volksbanken in den Kreisen Rottweil und Tuttlingen sowie der Rottweiler Steuerkanzlei WSS »Aktiv beraten« unterstützte Projekt. Sachkundig entfaltet der Experte in der Auftaktveranstaltung seine These: »Networking steht im Mittelpunkt des

Lehrreich ist der Vortrag, aber keineswegs dröge. »Sind Sie sexy?«, lautet die kokette Eingangsfrage an das Publikum. Gemeint ist damit: Ist man für andere ein abgebrühter« Kontakt? Vom Aufbau eines Experten-Images über die Nachbereitung von Gesprächen bis hin zu einem »magischen Satz« zur Erleich

Scherers Anleitungen. Allesamt klingen sie einleuchtend, aber niemals banal. »Während andere nach dem Mittagessen zur Zigarette greifen, greife ich zum Handy«, verrät der Referent ein persönliches Beispiel, »und führe mindestens ein Telefonat mit einem Menschen aus meinem Netzwerk beziehungsweise

---

Schwarzwälder Bote · April 2009

❞❞ Networking steht im Mittelpunkt des künftigen gesellschaftlichen und ökonomischen Lebens. ❞❞

"Im Mittelmaß ist der Wettbewerb am schärfsten"

Convention International · März 2009

❞❞ Sie laufen auf einem Marathon und überholen den Zweiten. Auf welchem Platz sind Sie jetzt? Eben nicht auf dem ersten, sondern auf dem zweiten. ❞❞

Den Tag der Flädlessupp' bei der Unesco eintragen

Gastronomen holen sich Anregungen beim Marketingexperten Hermann Scherer in der CCB

Böblingen — Es hat schon Tradition, dass die Böblinger Schönbuch Bräu zur Gastronomie-Initiative lädt. Gerade in Zeiten der Krise sind Tipps und Anregungen von Experten besonders gefragt. Gestern ließen sich rund 150 Besucher in der Kongresshalle von Hermann Scherer begeistern.

VON OTTO KÜHNLE

Eines kann man dem 44-Jährigen aus Freising bei München nicht vorwerfen: Dass er nicht lebt, was er von den Besuchern im Württemberg-Saal fordert – Leidenschaft. Der Marketingexperte und Redner ist zudem unterhaltsamer als das meiste, was im Fernsehprogramm so läuft. Hermann Scherer galoppiert dabei mit einem Parforceritt durch Themengebiete von Körpersprache bis Nutzung des Internets, Führung oder Verkaufspsychologie. Dass dabei der rote Faden des Themas „Verkaufen im Verdrängungswettbewerb – Sind Sie gut und keiner

Prost: Werner Dinkelaker, Hermann Scherer und Götz Habisreitinger KRZ-Foto: AW

weiß es?" nicht immer zu verfolgen ist, stört niemanden. Allzu bunt ist das Feuerwerk, das da gezündet wird.

„Machen Sie den Feiertag des Essens", rät er den Gastronomen. Warum nicht bei der Unesco versuchen, den „Tag des Maultäschles oder den Tag der Flädlessupp' eintragen lassen", will er zum Querdenken anregen. Und wer das Internet richtig nutzen will, für den hat der Bayer auch Tipps parat, wie man mit YouTube und Google ganz nach oben kommt. Oder sich bei Wikipedia mit der Erfindung eines Wortes einen Platz sichern kann. „Das lassen Sie dann beim Deutschen Patent- und Markenamt für 300 Euro eintragen."

„Beim Handeln setzt das Gehirn aus", so sein Credo. Die Psychologie der Preiszufriedenheit führt er mit der Versteigerung eines Ein-Euro-Stückes vor, das auf 1,20 gepusht wird. Das Unmögliche sollen die Gastronomen anstreben, um das Mögliche zu erreichen. Und dann hat der Mann, der so viel redet, einen heißen Tipp parat: In manchen Verhandlungssituationen hilft Schweigen.

KRZ · März 2009

❞❞ Der Marketingexperte und Redner ist zudem unterhaltsamer als das Meiste, was im Fernsehprogramm so läuft. ❞❞

PRESSE-
BERICHTE

Bilanz · März 2009

❝❝ Temperament – Berater und Autor Hermann Scherer gab bei seinem Referat Gas, und dem Publikum gefiel es. ❞❞

Aktuell · März 2009

❝❝ Sechs Anregungen, mit denen Sie sich für Ihre Kunden einfach unwiderstehlich machen! ❞❞

Hannoversche Allgemeine Zeitung · Februar 2009

❝❝ Der 44-jährige studierte Unternehmensberater zählt rund 2000 Firmen zu seinen Kunden, darunter nahezu alle Dax-Konzerne. ❞❞

Forum Der Auftakt · Januar 2009

❝❝ Hermann Scherer und Luigi Colani: zwei Wanderprediger für ihre Sache. ❞❞

PRESSE-
BERICHTE

Wirbel der Motivation
Mittelbayerisches Forum startet am 3. Februar

Regensburg (rs). Am 3. Februar feiert die Vortragsreihe „Von den Besten profitieren" nun auch Premiere in Regensburg. Bis November 2009 heißt es im Kolpinghaus insgesamt zehn mal „Mittelbayerische Forum – Von den Besten profitieren". Den Anfang macht Hermann Scherer, Gründer von „Unternehmen Erfolg".

In seinem Vortrag in Regensburg wird Hermann Scherer über professionelles Networking sprechen. Er setzt da an, wo Networking in der Regel aufhört und zeigt, wie man es schafft, mit den richtigen Leuten ins Gespräch zu kommen und wertvolle Kontakte zu pflegen. Wie diese persönlichen Beziehungen für Synergieeffekte und Wettbewerbsvorteile genutzt werden können, ist Thema des Abends.

Hermann Scherer. Foto: privat

Mit seinem charmant-dynamischen Vortragsstil, seiner mitreißenden Rhetorik und eindrucksvollen Beispielen versteht es Hermann Scherer, selbst komplizierte Prinzipien und Zusammenhänge einfach darzustellen und allgemein verständlich zu machen. Mit dieser Fähigkeit schafft er es, auf informative, unterhaltsame und einzigartige Weise praxisbezogene Inhalte mit motivierenden Elementen zu verknüpfen. So wird für das Auditorium ein Lernerlebnis mit vielen Aha-Effekten und hundert Prozent Aufmerksamkeit erreicht.

Nach dem Studium der Betriebswirtschaft mit den Schwerpunkten Marketing und Verkaufsförderung in Koblenz, Berlin, St. Gallen und den USA baute er zwei eigene Unternehmen auf, die sich schon nach kurzer Zeit unter den Top 100 des deutschen Handels platzierten.

Parallel dazu wurde er internationaler Unternehmensberater, Trainerausbilder und Manager of Instruction der weltweit größten Trainings- und Beratungsorganisation. Dort erhielt er den Platinum Award für höchste Qualität und höchsten Umsatz. In den weltweiten Rankings von über 10 000 Verkäufern erreichte er Plätze unter den TOP 10. Im Jahr 2000 positionierte Hermann Scherer „Unternehmen Erfolg" mit dem einzigartigen Konzept „Von den Besten profitieren" und wurde schnell zum Marktführer.

„Mit Humor und rhetorischer Genialität fegt Scherer über die Bühne und zeichnet dabei Beispiele für Motivation und Überzeugungskraft an die Tafel", schreibt ein Kritiker. RTL bezeichnete ihn im Jahresrückblick als „Spitzentrainer und Highlight des Jahres".

Der Vortrag findet am Dienstag, 3. Februar, im Kolpinghaus, Adolph-Kolping-Straße 1 in Regensburg statt. Einlass ist ab 18.30 Uhr, der Vortrag dauert von 19.30 bis 21.15 Uhr, anschließend ist Gelegenheit, bis 22 Uhr mit dem Referenten zu sprechen.

Infos und Buchung auf www.unternehmen-erfolg.de (inklusive fünf Prozent Online-Rabatt). Email: Info@unternehmen-erfolg.de; Service-Telefon: (07 00) 83 26 78 33; Fax (07 00) 83 26 32 93.

Die Einzelveranstaltung erhalten Sie für 69,90 Euro, die gesamte Veranstaltungsreihe zum Vorzugspreis von 499 Euro. Abonnenten der Mittelbayerischen Zeitung zahlen als Vorzugspreis 399 Euro. Karten gibt es auch an der Abendkasse.

Mittelbayerische Zeitung · Januar 2009

❞❞ Hermann Scherer versteht, selbst komplizierte Zusammenhänge einfach darzustellen und allgemein verständlich zu machen. ❞❞

Die Diskussionsteilnehmenden am 4. Wirtschaftssymposium in Aarau Hermann Scherer, Daniel Rüthemann, Karin Schaer, Karl-Heinz Grasser sowie Moderator Matthias Aebischer (v.l.).

«Riskiere etwas!»
4. Wirtschaftssymposium zum Thema nachhaltige Erfolge sichern

Karl-Heinz Grasser, österreichischer Ex-Finanzminister a.D. Daniel Rüthemann, CEO IBM Schweiz, und Hermann Scherer, Unternehmensberater, im Gespräch zur Wirtschaftslage.

Aarauner Nachrichten · Januar 2009

❞❞ Anhand einschlägiger Thesen zeigte Hermann Scherer wie der Markt erfolgreich beherrscht werden könnte. ❞❞

Unbescheidenheit ist auch eine Tugend

Wirtschaftssymposium Aargau

Aarauner Nachrichten · Januar 2009

❞❞ Scherers Referat war so fulminant, dass die beiden späteren Redner zwangsläufig einen schweren Stand hatten. ❞❞

Jenseits vom Mittelmaß

Persönlicher Erfolg und Unternehmenserfolg hängen neben Fachkompetenz, Ideen, Produkten und Dienstleistungen ganz entscheidend von Überzeugungskraft und Begeisterungsfähigkeit ab. Ein Plädoyer für Mut und Leidenschaft von Business-Experte Hermann Scherer

HERMANN SCHERER

Schon längst gibt es den Kampf um die Beachtung durch andere, „um die Augäpfel" – den „War of Eyeballs", wie es die Amerikaner nennen. Qualität allein reicht heute nicht mehr und wird in Zukunft noch viel weniger genügen, um im Wettbewerb um die Kundengunst die Nase vorne zu haben. Wer nicht auffällt, fällt weg. Wir leben in einer „Zuvielisation". Der Grund: Qualität ist nicht absolut definiert, sondern sie findet im Kopf des Gegenübers statt. Was nützt es, gut zu sein, wenn niemand es weiß? Was nützt es, besser zu sein als andere, wenn die anderen sich besser verkaufen? Scherer: „Qualität ist die Eintrittskarte in den Markt."

Leistung ist wie ein Konsumprodukt. Sie muss nicht nur erbracht, sondern auch schön verpackt, gut platziert und professionell vermarktet werden. Gute Karten haben in dieser Situation Unternehmen, die ihre Angebote mit Emotionen oder Erfahrung anreichern und empfohlen werden. Das Gleiche gilt für Sie: Wenn Sie es vermögen, Ihre persönlichen Stärken klar herauszustellen, und es anderen ermöglichen, diese emotional positiv aufzuwerten, erreichen Sie einen Status der Einzigartigkeit.

Wille zur Differenzierung

Erfolg ist eben nicht durch das Mit-, sondern ausschließlich durch das Voranmarschieren realisierbar. Und so lange Unternehmen nur das bieten, was alle bieten, werden sie auch nur das bekommen, was alle bekommen: durchschnittliche Erlöse, durchschnittliche Anerkennung, durchschnittliche Aufmerksamkeit. Doch die Gleichheit im Angebot führt bei den Kunden letztlich zu Gleichgültigkeit und reduziert damit die angebotenen Leistungen auf deren Preis. Der Wille zur Differenzierung ist wichtiger als der tatsächliche Vorsprung im Vergleich mit Wettbewerbern.

Service ist mehr als Freundlichkeit

Wer Service wirklich ernst nimmt, gibt sich mit Freundlichkeit allein nicht zufrieden. Vielmehr wird es in Zukunft darum gehen, neue, weiterreichende Lösungen zu entwickeln und Innovationen voranzutreiben. Manchmal werden die Unternehmen, die Servicemarktführer sein wollen, Probleme zu lösen haben, die möglicherweise von den Kunden noch gar nicht als Problem wahrgenommen wurden. Vielmehr wird es in Zukunft darum gehen, Prozesse zu vereinfachen, neue, weiterreichende Lösungen zu entwickeln und Innovationen voranzutreiben. Manchmal werden die Unternehmen, die Servicemarktführer sein wollen, sogar Probleme zu lösen haben, die möglicherweise von den Kunden noch gar nicht als Problem wahrgenommen wurden.

Dafür gibt es eine Zielgruppe, denn viele Menschen haben ein Problem, dessen sie sich aber nicht bewusst sind und für das sie deshalb natürlich auch noch nie eine Lösung suchten. Freuen Sie sich über neu auftretende Probleme, denn sie verbessern Ihre Problemlösungskompetenz. Je kompetenter Sie Probleme lösen, desto größer werden die Probleme sein, die künftig auf Sie zukommen. Das wiederum macht Sie zum immer begehrteren Problemlöser. Und das verbessert die Beziehung zum Kunden. „Das Einzige, was nicht kopierbar ist, ist die Beziehung eines Unternehmens zu seinen Kunden", weiß Scherer.

„Logo + Assoziation = Marke"

Erfolgreiche Unternehmen verfügen über einen unverkennbaren und unverwechselbaren Marktauftritt. Branchenübergreifend ist ihnen ein wesentliches Merkmal gemein, das sie zur Marke macht: Sie sind anders – und das konsequent und kontinuierlich. Diese Strategie können Sie auch für Ihren persönlichen Erfolg einsetzen. Wir alle denken in Marken und nehmen Marken als solche wahr.

Je bekannter der Nutzen, den Sie stiften, und je bekannter Sie als Dienstleister sind, desto eher wird man von Ihnen einen hohen Gegenwert erwarten. Anders gesagt: Je bekannter Sie sind, desto positiver wird das über Sie gebildete Vorurteil sein.

Egal, in welche Richtung Sie sich entwickeln; egal, wie Sie dafür sorgen, dass Sie Ihr Unternehmen vor dem Versinken im Mittelmaß retten und damit sich selbst positionieren; egal welchen Weg Sie einschlagen: Gehen Sie diesen Weg zielstrebig und leidenschaftlich. Oder mit Peter Druckers Worten: „Passion is everything" – Leidenschaft ist alles.

Zur Person

Hermann Scherer ist Business-Experte, Lehrbeauftragter an mehreren europäischen Universitäten und Autor von über 20 Büchern. Er zählt zu den TOP 100 Excellent Speaker. Zu seinen Kunden zählen u. a. Hilton Hotels und Lufthansa AG.

Weitere Infos

Hermann Scherer: Das überzeugende Angebot: So gewinnen Sie gegen Ihre Konkurrenz Campus Verlag 2006, ISBN-10: 359337949X

Kontakt

h.scherer@hermannscherer.de
www.hermannscherer.de

❝❞ Persönlicher Erfolg und Unternehmenserfolg hängen neben Fachkompetenz, Ideen, Produkten und Dienstleistungen ganz entscheidend von Überzeugungskraft und Begeisterungsfähigkeit ab. ❝❞

PRESSE-
BERICHTE

Direkt · Januar 2009

❝❞ Neue Wege zu neuen Kunden.
Angebote müssen unwiederstehlich werden. ❝❞

Kieler Nachrichten · Januar 2009

❝❞ Erfolgreiches Networking ist gar
nicht so schwer und kann richtig Spaß machen. ❝❞

Die Lobby · Dezember 2008

❝❞ Die Zusammenarbeit mit weit über 2.000 Marktführern hat er den Ruf des konsequent praxisorientierten
Businessexperten eingebracht. ❝❞

Perspektive · November 2008

❝❞ Hermann Scherer zählt zu den
TOP 100 Excellent Speaker und er wurde mehrfach
mit dem Excellence Award ausgezeichnet. ❝❞

PRESSE-
BERICHTE

Vorarlberger Nachrichten · November 2008

❝❝ Einer von vielen hochinteressanten Lehrsätzen: Wir dürfen nicht nur im, sondern müssen vor allem am Unternehmen arbeiten. ❞❞

Vorarlberger Nachrichten · November 2008

❝❝ Hermann Scherer: bei gleichen Produkten und gleichen Preisen andere Ansätze nötig. ❞❞

Sulinger Kreiszeitung · Oktober 2008

❝❝ Was eher staubtrocken angekündigt worden war, entpuppte sich dabei als höchst informativ, aber dennoch unterhaltsam. ❞❞

Wochenblatt · Oktober 2008

❝❝ Aufmerksamkeit und Wahrnehmung spielen nicht nur im globalisierten Markt eine wichtige Rolle. ❞❞

PRESSE-BERICHTE

Mut und Leidenschaft
Bäuerinnentag auf dem Zentral-Landwirtschaftsfest ein voller Erfolg

Auf Wiedersehen, Mittelmaß!

Richtig positionieren: Über den Faktor Mensch können sich Transport- und Logistikdienstleister auch künftig vom Wettbewerb abheben. Das aber war nur ein Ergebnis des

---

Bayer. Landwirtschaftliches Wochenblatt · Oktober 2008

❞❞ Festredner Hermann Scherer regte Männer und Frauen im Publikum zum Mitmachen und Lachen an. ❞❞

Verkehrsrundschau · Oktober 2008

❞❞ Business Experte Scherer rät: Auffallen um jeden Preis. ❞❞

Hochkarätiger Referent beim Symposium der Wirtschaft
Hermann Scherer spricht in Mendig über die „Märkte von morgen"

Fühlen Sie sich sexy?

Rhein Zeitung · Oktober 2008

❞❞ Von 1988 an gründete Scherer mehrere Unternehmen, die er jeweils zur Marktführerschaft in ihrem Geschäftsfeld führte. ❞❞

econo · September 2008

❞❞ Ein mit kräftigem Dialekt sprudelnder Derwisch, der ankündigt, auch mal zu provozieren, dem man aber am Ende seiner Rede nichts übelnehmen mag. ❞❞

PRESSE-
BERICHTE

econo · September 2008

❝❝ Wahrscheinlich hätte Hermann Scherer es auch geschafft, sein Publikum mit einer Live-Reportage von der Schacholympiade zum Lachen zu bringen. ❞❞

PRESSE-BERICHTE

Warum der Schwächere am Ende gewinnt...

Warum liefern Kundenfragen meist falsche Ergebnisse, können Verbesserungen die Existenz gefährden und verliert man die zufriedenen Kunden zuerst? Eine ernst gemeinte Betrachtung

von Hermann Scherer

> Klassische Leistungen werden (...) relativ einfach erkannt, verstanden und nachgefragt. Innovationen der disruptiven Technologie werden in der Regel vom Durchschnittskunden nicht sofort erkannt und nicht nachgefragt. Insbesondere, da diese die Erwartungen anfangs qualitativ meist nicht erfüllen.

Convention International · September 2008

❝❝ Hören Sie bei Kundenzufriedenheitsstudien nicht so genau zu. Eher dann, wenn Ihnen jemand ein schlechtes Produkt in Zelation teuer anbietet. ❞❞

„Jenseits vom Mittelmaß"

Am 25. September ist Bäuerinnentag beim Zentral-Landwirtschaftsfest

Auch heuer findet anlässlich des ZLF ein Bäuerinnentag statt. Das Programm ist so vielfältig wie die Interessen der Landfrauen: von einem anspruchsvollen Vortrag bis hin zum gemeinsamen Singen.

Hermann Scherer ist der Festredner; er verspricht ein „mitreißendes Lernerlebnis".

Bayer. Landwirtschaftliches Wochenblatt · August 2008

❝❝ Eine unterhaltsame Rede zum Bäuerinnentag hielt der Unternehmensberater und Autor Hermann Scherer: Mit Mut und Leidenschaft erfolgreich. ❞❞

europa-foto Gesellschafterversammlung

Auf der Gesellschafterversammlung am 26. und 27. Mai 2008 im Hotel Dolce in Bad Nauheim konnte Robby Kreft wieder ein hervorragendes Ergebnis bekannt geben.

Perspektive · August 2008

❝❝ Charmant-dynamischer Vortragsstil, mitreißende Rhetorik und eindrucksvolle Beispiele. Das vermittelte Hermann Scherer in seinem Vortrag... ❞❞

Marketing für Steuerberater: Der 44-Punkte-Plan

Hermann Scherer, Referent, Buchautor, Hochschuldozent

steuerberater intern — Praxis aktuell — Beilage zur Ausgabe 16/2008 — 19-08-2008

Steuerberater intern · August 2008

❝❝ Marketing für Steuerberater: Der 44-Punkte-Plan ❞❞

PRESSE-
BERICHTE

Markt intern · Juli 2008

❞❞ Erobern Sie die Pole-Position für Ihr Unternehmen. ❞❞

Wirtschaft 10 Plus · Juli 2008

❞❞ Hermann Scherer, bekannt als Clintons Gastgeber, setzt mit professionellem Networking da an, wo Networking in der Regel aufhört. ❞❞

Rhein Main Presse · März 2008

❞❞ Allein 2007 gab es 184 neue Lebkuchensorten. Hermann Scherer macht deutlich, dass die Qual der Wahl für Unternehmen längst zum Problem geworden ist. ❞❞

AFA News · März 2008

❞❞ Der international bekannte Spitzentrainer Hermann Scherer plädiert dafür, sich nicht zu verzetteln. ❞❞

FOCUS Money · Juni 2008

❝ Netzwerk – Wo und wie knüpfe ich für mich nützliche Kontakte? ❞

PRESSE-BERICHTE

AFA News · Februar 2008

❞❞ Was hilft mir das beste Produkt, wenn ich es beim Verkaufsgespräch nicht vermitteln kann? ❞❞

News for Partners · Januar 2008

❞❞ Hermann Scherer ermutigt zum Ausbruch aus der toten Mitte und zu unverwechselbarer Positionierung. ❞❞

Business Bestseller · Januar 2008

❞❞ Hermann Scherer: charmant-dynamischer Vortragsstil, mitreißende Rhetorik und eindrucksvolle Beispiele. ❞❞

Schwarzwälder Bote · November 2007

❞❞ Gestochen scharf zu formulieren ist eine Kunst, die Hermann Scherer beherrscht wie wenige. ❞❞

PRESSE-BERICHTE

„Der Fachidiot schlägt die Kunden tot"

Volles Haus beim 5. Businessforum der *Kleinen Zeitung* in der Grazer Seifenfabrik, wo gestern Top-Referenten vorzeigten, wie man im Alltag nicht ausrutscht, sondern sehr erfolgreich unterwegs sein kann.

HELLFRIED SEMLER, RAINER STRUNZ

Wenn mehr als 400 Entscheidungsträger aus der Wirtschaft Jahr für Jahr zum Businessforum des steirischen Paradeunternehmens Werner Gröbl und der Kleinen Zeitung pilgern, könne man wohl nicht ganz falsch liegen, wagte Walter Walzl, Geschäftsführer der *Kleinen Zeitung*, keine allzu kühne Hypothese. Man sehe sich vielmehr auf dem richtigen Weg und mehr weit. Und je höher der Bildungsgrad sei, desto größer sei die Gefahr, dass sich der Mensch nicht mehr verständlich ausdrücke.

Das Schlagwort „Der Fachidiot schlägt die Kunden tot" sei keine leere Hülse, neue Wege seien gefragt. Als Extra-Meile auf dem Weg zum Erfolg wertet Scherer etwa das Verkaufsansatz, Problembewusstsein zu schaffen und Lösungen anzubieten, bei Verkaufsgesprächen Fragen zu stellen („Was schlagen Sie startet, so liegt man im Rennen"), ist einer der Kernsätze. Ein zweiter: „Der erste Eindruck ist entscheidend, der letzte bleibt." In der nonverbalen Kommunikation spielten Äußerlichkeiten eine größere Rolle als Fachwissen.

Den Einfluss von Ernährung, Bewegung und Lebensweise auf Erfolg im Beruf führte der Orthopädie-Facharzt Helmut Fliesser dem Publikum an Hand von Praxisbeispielen vor.

Kleine Zeitung · November 2007

❞❞ Als Extra-Meile auf dem Weg zum Erfolg wertet Scherer, Fragen zu stellen und dann auch auf Antworten warten zu können. ❞❞

TOP TEN
Marketing-Bücher

1. **MARKETING-MANAGEMENT** Philip Kotler, Kevin Lane Keller und Friedhelm Bliemel. Pearson, 1296 Seiten, 49,95 Euro. Das Buch ist ein Klassiker, 2007 bereits in zwölfter Auflage erschienen.
2. **DAS ÜBERZEUGENDE ANGEBOT** von Hermann Scherer. Campus Verlag, 24,90 Euro.
3. **SCHNELLER ALS DER KUNDE** von Edgar K. Geffroy. Econ Verlag, 19,90 Euro.
4. **MARKETING FÜR DUMMIES** von Alexander Hiam. Wiley VCH Verlag, 22,95 Euro.
5. **STRATEGISCHES MARKETING** von Klaus Backhaus und Helmut Schneider. Schäffer-Poeschel, 29,95 Euro.
6. **NEUROMARKETING** von Hans-Georg Häusel (Hg.). Haufe, 39,80 Euro.
7. **VERTRIEB LEICHT GEMACHT** von Andreas Preißner. Redline, 19,90 Euro.
8. **EMPFEHLUNGSMARKETING** von Kerstin Friedrich. Gabal, 17,90 Euro.
9. **DER LANGE SCHWANZ** Nischenprodukte statt Massenmarkt, von Chris Anderson. Hanser, 19,90 Euro.
10. **STRATEGY MOVES** von Jorge A. Vasconcellos. Pearson, 29,95 Euro.

Ausgewählt von Managementbuch.de

Hamburger Abendblatt · November 2007

❞❞ TOP TEN – Marketing-Bücher:
2. Das überzeugende Angebot von Hermann Scherer ❞❞

„Wie sexy ist Ihr Unternehmen?"
Renommierter Experte und brillanter Redner Hermann Scherer unterhielt in Karlsruhe

Von unserem Redaktionsmitglied
Christina Zäpfel

„Ist Ihr Unternehmen sexy?" Mit dieser Frage gelang dem Wirtschaftsexperten Hermann Scherer am Montagabend in der Karlsburg bereits zu Beginn seines Vortrages eine Punktlandung. Auf Einladung der BGB-Beteiligungs-AG Baden und ihres Vorstands Rainer Schütterle sprach Scherer zum Thema „Spielregeln für die Poleposition in den Märkten von morgen". Was die anwesenden Zuhörer in zwei Stunden zu hören bekamen, war Wirtschafts-Entertainment pur.

„Welche Begehrlichkeiten weckt denn Ihr Produkt am Markt?" So fragte er in die Runde und schrieb den Gästen sofort ins Stammbuch: Es gehe in erster Linie nicht um Qualität, 80 Prozent aller Produkte seien ohnehin gleich gut. Vielmehr geht es um die Kommunikation dern an anderen Werten – beispielsweise am „Erlebniswert", an ihrer „Attraktivität" messen.

„Bei Marken schaltet das Gehirn aus", behauptete Scherer und verwies auf den Motorradhersteller „Harley Davidson" dessen Anhänger sich das Firmenlogo auf den Oberarm tätowieren ließen. „Wie viele Ihrer Kunden ha-

---
Welt des wirtschaftlichen Erfolgs näher gebracht
---

ben Ihr Logo?" Mit dieser Frage erntete Scherer reichlich Lacher.

Mit kurzen Videosequenzen, heiteren Bildern und jeder Menge Wortwitz unterhielt Scherer seine Zuhörer, während er ihnen zuwartete mit eindrucksvollen Beispielen auf. Der „Mittermaier unter den Wirtschaftsexperten" erzählte mit bayrischem Charme, wie er es schaffte, Bill Clinton nach Deutschland zu holen und wie man dank Netzwerk-Arbeit seinen Umsatz von heute auf morgen steigern kann. Er warb für Internet-Communities wie „Xing", brach eine Bresche für offensives Guerilla-Marketing und griff ganz tief in die ökonomische Trickkiste, als er über „nicht-ethische Marktmechanismen" fabulierte.

Den Personalern unter den Zuhörern empfahl er: „Hire for attitudes, train for skills" – nicht die Fähigkeiten eines Bewerbers sollten entscheidend sein, sondern seine Einstellung zum Unternehmen. Unfreundliche oder nicht unternehmensorientierte Mitarbeiter verursachten, dass Kunden verloren gingen. „Besser eine oberflächliche Freundlichkeit, als eine individualisierte Unfreundlichkeit", sagte Sche-

Badische Neueste Nachrichten · November 2007

❞❞ Bei Marken schaltet das Gehirn aus, behauptet Scherer und verwies auf den Motoradhersteller Harley Davidson, dessen Anhänger sich das Firmenlogo auf den Oberarm tätowieren ließen. Wie viele Ihrer Kunden haben Ihr Logo? ❞❞

Hermann Scherer:
Networking für Fortgeschrittene – Erfolg und Wettbewerbsvorteile durch die faszinierende Welt der Netzwerke

München:	5. November
Hamburg:	8. November
Köln:	13. November
Berlin:	14. November

VERANSTALTUNG

Erst säen, dann ernten

FOCUS-Forum „Die Erfolgsmacher" in der vierten Runde

Der Erfolg hat einen Namen: Hermann Scherer. Er hat Unternehmen auf Kurs gebracht, Trainer ausgebildet und Führungskräfte geschult. Vor sieben Jahren hat der 43-Jährige zudem das „Unternehmen Erfolg" gegründet, das in Kooperation mit FOCUS das Forum „Die Erfolgsmacher" organisiert. Zum Abschluss der diesjährigen Veranstaltungsreihe stellt sich Scherer den Führungskräften. Der gefragte Spitzentrainer erläutert beispielsweise, wie man es schaffen kann, mit den richtigen Leuten ins Gespräch zu kommen. Das Zauberwort dafür heißt Networking. Was sich dahinter verbirgt, hat Hermann Scherer im Kurzinterview erläutert.

esPresso: Mit dem Lesen kommt kaum einer hinterher. Beinahe täglich erscheinen neue Aufsätze und Bücher zum Thema Networking. Sie gelten als Meister des Fachs. Was genau ist erfolgreiches Networking?

Hermann Scherer: Nun, Networking ist langfristig angelegt. Es gilt der Grundsatz, dass nur derjenige ernten darf, der vorher auch sät. Viele verwechseln gute Beziehungsarbeit mit dem „Bitten eines Bekannten um einen Gefallen". So lassen sich viele von der Hoffnung auf einen kurzfristigen Erfolg blenden, statt die Chance auf langfristige Ernte-Erträge zu nutzen. Gerade im Business ist vieles kopierbar. Das Einzige, was nicht kopierbar ist, sind die Beziehungen der Mitarbeiter. Wenn Sie selbst einmal prüfen wollen, ob Sie gute Beziehungen haben, dann stellen Sie sich doch einfach die Frage, wie viele Menschen würden Ihnen kurzfristig 10 000 Euro leihen?

esPresso: Und wenn jemand das alles verinnerlicht hat, dann schafft er es auch, was Ihnen gelungen ist: Bill Clinton für einen Vortrag in Deutschland zu gewinnen?

Hermann Scherer: Ja, ich war tatsächlich der erste Deutsche, der Bill Clinton nach seiner Amtszeit nach

Stellenmarkt

Web 2.0 im Einsatz für die Personaler

Die sich verändernden Berufsbilder in der Kommunikationsbranche – auf Agenturseite ebenso wie auf der Medienanbieterseite – und die daraus entstandenen neuen Anforderungen für die Ausbildung sowie die Chancen für die persönliche Weiterentwicklung bilden seit geraumer Zeit einen Themenschwerpunkt im FOCUS Wissensforum. Im November drehen wir das Thema weiter:

Recruiting in Zeiten von Web 2.0

Web 2.0 ist nicht mehr nur bei Internet-Freaks und den Medien ein Thema. Web 2.0 spielt auch in den Unternehmen eine immer größere Rolle. Beispiel Recruiting: Ein Weltkonzern wie Siemens setzt zusätzlich zu den Anzeigen in Stellenbörsen und Zeitungen auf die neuen Internet-Instrumente wie Podcast, Weblog und Videos. In den Podcasts wird zum Beispiel erklärt, wie das Bewerbungsverfahren bei Siemens abläuft, was man bei den Online-Bewerbungen beachten muss, wie der Talent-Pool funktioniert. In Videos werden künftig ausgewählte und schwer zu besetzende Arbeitsplätze von Spezialisten gezeigt, und zwar im wörtlichen Sinne. Ganz im Stil von zuweilen verwackelten und unscharfen Webvideos wird künftig Interessenten und möglichen Bewerbern ihr Arbeitsplatz vorgestellt, ein Schwenk in den Büroraum, ein Lächeln von Kollegen und Chef und der Blick zur Kaffeemaschine.

Auf Web 2.0 setzen aber auch Mittelständler wie Festo in Esslingen. Mit Blog, SMS und

esPresso · November 2007

,, Der gefragte Spitzentrainer erläutert beispielsweise, wie man es schaffen kann, mit den richtigen Leuten ins Gespräch zu kommen. Das Zauberwort dafür heißt Networking. Was sich dahinter verbirgt, hat Hermann Scherer im Kurzinterview erläutert. ,,

PRESSE-BERICHTE

Oldenburg
OLDENBURGER NACHRICHTEN

Gute Stimmung trägt Volksbank zum Erfolg

VERTRETERVERSAMMLUNG Erste Bilanz nach der Fusion – Wirtschaftliche Rahmenbedingungen wirken sich positiv aus

Oldenburger Nachrichten · Juni 2007

❞❞ Der Business-Experte unterstützte den Weg der Volksbank, mit guten und engagierten Mitarbeitern die Erfolge auszubauen. ❞❞

420 Gäste wollen „Von den Besten profitieren"

Freie Presse · Mai 2007

❞❞ 420 Gäste haben gespannt zugehört: bei der Premiere der zehnteiligen Veranstaltungsreihe ›Von den Besten profitieren‹ in Chemnitz. ❞❞

Spielregeln für Zahnärzte in den Märkten von morgen

FTD.de Wirtschaftsbücher · Mai 2007

❞❞ Bücher Ranking – TOP 10 Deutschland
Platz 4: Das überzeugende Angebot ❞❞

DZW - Die Zahnarztwoche · Mai 2007

❞❞ So lange Unternehmen nur das bieten, was alle bieten, werden sie auch nur das bekommen, was alle bekommen. ❞❞

PRESSE-
BERICHTE

Die Kunst der Verführung

Hermann Scherer über die Bedeutung von Sprache und Dramaturgie schriftlicher Angebote

Hermann Scherer

Schriftliche Angebote sind die Stiefkinder der Kundenkommunikation, sagt Hermann Scherer. Der Trainer und Autor hat Angebote kleiner Betriebe verglichen und festgestellt: Sie sind entweder auf das Allernötigste beschränkt oder aber mit Details überfrachtet, die keinen Kunden interessieren. Ein „fatales Versäumnis", sagt Scherer, denn mit dem Angebot könne der Betrieb punkten, ohne die Preisschraube nach unten drehen zu müssen.

Herr Scherer, reichen dem Kunden beim schriftlichen Angebot nicht Zahlen und Fakten?

Nein, denn Kunden möchten nicht nur informiert, sondern auch überzeugt werden. Selbst wenn bereits ein persönliches oder telefonisches Verkaufsgespräch stattgefunden hat, ist die Entscheidung für oder gegen den Kauf keine endgültige. So gilt es, im schriftlichen Angebot Herz und Hirn des potenziellen Kunden zu erreichen.

Adresse, Anrede, Artikelnummer und Preis sind da zu wenig?

Ja, doch leider haben das viele Unternehmer noch nicht erkannt. Dabei könnten sie sich durch begeisternde Angebote entscheidend von ihren Wettbewerbern absetzen.

Welche Rolle spielt die Sprache in der Gesamtkomposition eines überzeugenden Angebotes?

Auf jeden Fall eine Hauptrolle, wie der Vergleich eines Behördenschreibens mit einer intelligent gemachten Werbeanzeige zeigt.

Sollen also die schriftlichen Angebote zu Werbeanzeigen werden?

Nein, das nicht, doch beide können durchaus Sex-Appeal verströmen. Nach dem Motto „Lieber auffallen als Mauerblümchen" sind unter anderem aktive und Emotionen weckende Formulierungen sowie der virtuose Gebrauch von Adjektiven gefragt. Auch bei Dübeln, einer Heizungsanlage oder Computer-Software lassen sich die Kunden zum Kauf verführen.

Verführen klingt nach Ausschalten des Verstandes ...

... was aber nicht damit gemeint ist. Ein überzeugendes Angebot braucht auch eine Nutzenkommunikation, die Angebote gut leisten, weil sie immer an ein Unternehmen beziehungsweise eine Person gerichtet sind.

Eine kundenorientierte Sprache und gekonnt in Szene gesetzte Vorteile – werden die Kunden damit schon überzeugt?

Für Erfolg jenseits des Zufalls sind auch Strategie und Psychologie unabdingbar. Der eine oder andere Einwand des Kunden muss entkräftet, sein Vertrauen durch Garantien gewonnen werden. Die Gedanken des Lesers lassen sich geschickt in die gewünschte Richtung dirigieren und damit seine Entscheidungen pro Angebot zementieren.

Aber zählt nicht letzten Endes doch nur der Preis?

Im Gegenteil, denn Mehrwert wird bezahlt. Vielen Serviceführern dient ein relativ hoher Preis ihrer Angebote sogar als Positionierungshilfe. Wo der Preis nicht unbedingt ein Kaufargument ist, sollte er geschickt kommuniziert werden – etwa indem er zwischen zwei Produktvorteilen „verpackt" wird.

Der Preis sollte wohl nicht den Abschluss des Angebotes bilden?

Nein. Die Dramaturgie eines Angebotes erfordert eine positive Verankerung im Kopf des Kunden. Dafür gibt es viele Optionen, die von einer zum Angebot passenden Beilage bis hin zu einem vorbereiteten Antwortfax reichen. Weil der erste Eindruck und der letzte haften bleibt, müssen Einstieg und Abschluss die stärksten Passagen sein.

H. Scherer: *Das überzeugende Angebot. So gewinnen Sie gegen Ihre Konkurrenz*, 191 Seiten, gebunden, Campus, Frankfurt a. M. 2006, ISBN 978-3-593-37949-4, Preis: 24,90 Euro.

Handwerksblatt · Mai 2007

❝❝ Schriftliche Angebote sind die Stiefkinder der Kundenkommunikation. Ein fatales Versäumnis, sagt Scherer. ❞❞

„Investierte Zeit, die sich auszahlt"

'DHZ'-Gespräch mit Hermann Scherer, Businessexperte, Verkaufsexperte und Buchautor

'DHZ': Welches sind die häufigsten Fehler, die Unternehmen beim Verfassen von Angeboten unterlaufen?

Scherer: Ich gebe Ihnen ein Beispiel: Ein Parkettleger nimmt sich für einen potenziellen Kunden entsprechend viel Zeit. Er zeigt ihm bei einer Tasse Kaffee die verschiedenen Parkettböden, erklärt ihm das Verlegen etc. Kurz: Der Kunde fühlt sich rundum gut beraten. Als der Kunde wenige Tage später das Angebot erhält, stehen dort nur die Artikelnummer und der Preis als einziger Inhalt. Es fehlt komplett der Bezug zum vorangegangenen Gespräch. Wenn nun der Kunde mehrere Angebote eingeholt hat, die sich vom Preis her ähneln, wird er sich garantiert für dasjenige entscheiden, welches sich von den anderen abhebt, z.B. durch Fotos, direkte Ansprache, Hervorhebung der Pluspunkte des Unternehmens etc.

'DHZ': Wie bereitet sich ein Unternehmer auf das Schreiben eines optimalen Angebots vor?

Scherer: Ich sage immer, wenn diese Frage auftaucht: Schreiben Sie doch die zehn Pluspunkte auf, die Ihr Unternehmen auszeichnet. Den meisten fällt das ganz leicht. Diese Punkte dann geschickt in einem Angebot zu verpacken, dafür gibt es mehrere Möglichkeiten. Dem Angebot kann ein Deckblatt mit den Unternehmensvorzügen vorgeheftet sein. Ein eingefügter Satz unter der Endsumme wie z. B.: Darin enthalten sind auch folgende Leistungen ... Bei der Auflistung der verschiedenen Positionen im Angebot kann noch der Nennung einer weiteren Position mit den besonderen Leistungen des Unternehmers erfolgen. Außerdem sollte ein Unternehmer bedenken, dass dieser Arbeitsaufwand eine einmalige Sache ist. Generell sollten im Monat drei Stunden für solche Arbeiten eingeplant werden.

'DHZ': Gibt es einen „Fahrplan" für den Einstieg, die Präsentation oder alle, dass hier noch Potenzial steckt, welches häufig nicht richtig genutzt wird

Thema Werbung, Preisverhandlungen etc., herum. In den Seminaren, die ich zum Thema anbiete, können dann auch „verrückte Idee" angesprochen werden. Warum nicht als Parkettleger für Werbungszwecke das Firmenfahrzeug mit Parkett verkleiden? Ein Hingucker wäre das auf jeden Fall. Ein anderes reales Beispiel ist der Handwerker, der in sein Angebot eine Liste mit hineingenommen hat, die eine Sauberkeitsgarantie in Form eines 10-Punkte-Plans beim Einbau einer Heizungsanlage verspricht. Damit hat er offenbar ins Schwarze getroffen. Die Kunden waren begeistert.

www.hermannscherer.de

Interview: Dörthe Rautmann

Buchtipp

Das überzeugende Angebot

Die erfolgreiche Akquise ist überlebenswichtig für jedes Unternehmen. Zugeschnitten auf die Bedürfnisse und Möglichkeiten mittelständischer Unternehmen bietet dieses Buch Tricks und Kniffe, die Angebote erfolgreicher machen. Es wird von der Nutzenkommunikation über psycho-

---

Deutsche Handwerkszeitung · Mai 2007

❝❝ Investierte Zeit, die sich auszahlt –
DHZ-Gespräch mit Hermann Scherer, Businessexperte,
Verkaufsexperte und Buchautor ❞❞

Freie Presse und BLICK starteten die Vortragsreihe „Von den Besten profitieren"

Volles Haus: Herr Scherer heizte allen ein

(FP) Das war ein Einstand nach Maß! Mehr als 430 Besucher wollten am Mittwochabend in der BMW Niederlassung „von den Besten profitieren". Businessexperte Freie Presse initiierte Seminarreihe. Fast zwei Stunden lang verriet der bayerische Spitzenberater Hermann Scherer gab mit seinem stimmungsvollen Vortrag den Startschuss für die von BLICK und Tipps und Tricks, die Unternehmen erfolgreich machen. Und er verblüffte die Zuhörer mit seinem größten Coup: „Ich habe es geschafft, Bill Clinton nach Deutschland zu holen. Auch, weil ich an mich selbst glaubte." BLICK Publikum gleich ins Herz geschlossen: „Die Menschen hier sind sehr offen und gehen richtig mit. Das wird meinen Kollegen Rüdiger Nehberg freuen." Der Survival-Experte ist der nächste in der Reihe. Am 27. Juni erzählt, wie er monatelang im Abseits der Welt überlebte und ganz neben bei eine Hilfsorganisation gründete. Für diesen Vortrag und die acht weiteren Seminare stellen die Veranstalter wegen der großen Nachfrage zusätzlich Karten zur Verfügung. Bestellungen und Informationen unter www.unternehmen-erfolge.de horte sich mit dem Vortrag unter 890 Besuchern um Ikea-Chef Raymond Döring. „Ich nehme mir von diesem Abend eine große Fülle an Informationen mit. Wenn ich nur einen Teil davon umsetzen kann, habe ich schon etwas gewonnen." Vertriebsunternehmerin Heike Claus: „Ich leite selbst Seminare und kann von den berühmten Kollegen der Branche viel lernen. Ich freue mich riesig über die Resonanz beim Publikum. Das zeigt nur, dass auch Unternehmer unserer Region für betriebliche Weiterbildung und entwicklung sensibilisiert sind." Agenturinhaber Sven Vogel: „Ich habe hier eine ganze Portion Motivation bekommen. Nach dem Vortrag sehe ich einige Dinge in ganz anderem Blickwinkel." Hermann Scherer selbst hat das Chemnitzer

Businessexperte Hermann Scherer heizte vergangene Woche den mehr als 430 Gästen ein. Foto: Gärtnerberg

---

Blick · Mai 2007

❝❝ Fast zwei Stunden lang verriet
der bayerische Spitzenberater Tipps und Tricks,
die Unternehmen erfolgreich machen. ❞❞

PRESSE-BERICHTE

Nur wer handelt, kommt voran!
Hermann Scherer beim Unternehmerforum der Volksbank Wilhelmshaven

Unternehmensberater Hermann Scherer (2. von links) faszinierte mit seinem Vortrag auch Volksbank Vorstand Gunter Dresen, Martina Endres und Norbert Hauptvogel (von links). Foto: Zillich

Scherers Rezepte: So funktioniert Marktwirtschaft

Neue Rundschau · März 2007

❝❝ Die Wahrscheinlichkeit des Erfolges wachse mit der Bereitschaft, auch mal Fehler zu machen. ❞❞

Wilhelmshavener Zeitung · März 2007

❝❝ Wer sich positiv in Szene setzt, hat Erfolg. Wer nicht auffällt, der fällt weg. Eine Regel, die für Menschen wie Unternehmen gelte. ❞❞

Weg zum Erfolg: Von den Besten profitieren

Exklusive Veranstaltungsreihe präsentiert renommierte Experten aus Wirtschaft und Gesellschaft – Start am 30. Mai 2007

Der persönliche und unternehmerische Erfolg steht im Mittelpunkt einer exklusiven Vortragsreihe unter dem Motto: „Von den Besten profitieren". Die von der „Freien Presse" mit Kooperationspartnern präsentierte Reihe startet im Mai.

VON CHRISTOPH ULRICH

Chemnitz. Fachwissen allein reicht heute nicht mehr aus, um erfolgreich zu sein. Soziale Kompetenz, kommunikative Fähigkeiten, Intuition und Durchhaltewillen werden immer wichtiger. In einer globalisierten Welt, in der Unternehmen und Produkte immer vergleichbarer werden, kommt es auch darauf an, sich durch den eigenen Auftritt zu unterscheiden.

Mit einer exklusiven Vortragsrei-

Hermann Scherer: Mit Mut und Leidenschaft neue Wege zum Erfolg gehen. – FOTO: UNTERNEHMEN ERFOLG

Rüdiger Nehberg: Mit Vielseitigkeit resistent werden gegen die Langeweile. – FOTO: UNTERNEHMEN ERFOLG

Samy Molcho: Wie Körpersprache funktioniert und gezielt eingesetzt wird. – FOTO: UNTERNEHMEN ERFOLG

und Handelskammer Südwestsachsen (IHK) sowie der Veranstaltungsfirma „Unternehmen Erfolg" organisiert wurde, startet am 30. Mai 2007.

Mai 2007 bis März 2008 jeweils praxisnahe Vorträge zu aktuellen Themen. Veranstaltungsort wird die BMW Niederlassung in Chemnitz um den Erfolg vom Zufall zu befreien. Zu den Fachleuten der Reihe gehört aber auch der Überlebenskünstler Rüdiger Nehberg. Er zeigt

munikation. Sein Credo lautet: „Die Zunge kann lügen – der Körper nie."

Die Honorare der hochkarätigen Referenten sind normalerweise in einem Bereich angesiedelt, den sich Normalsterbliche eigentlich nicht leisten können. So wird für einen Abend bei Molcho schnell ein kleinerer fünfstelliger Betrag fällig. Bei „Von den Besten profitieren" sind es dagegen nur 69,90 Euro – oder sogar nur 49,90 Euro, wenn das Abo für alle zehn Veranstaltungen genutzt wird, das zum Preis von 499 Euro zu haben ist. Dafür bekommen die Interessenten aber nicht eine einzelne Karte, die an jedem der zehn Abende gilt, sondern zehn Einzelkarten, die uneingeschränkt übertragbar sind. Dadurch bleibt der Käufer flexibel: Er kann die Karten selbst nutzen, einzeln verschenken oder gezielt weitergeben.

Kieler Nachrichten · März 2007

❝❝ Fachwissen allein reicht heute nicht mehr aus, um erfolgreich zu sein. Soziale Kompetenz, kommunikative Fähigkeiten, Intuition und Durchhaltewillen werden immer wichtiger. ❞❞

PRESSE-
BERICHTE

Pole-Position für Firmen sichern
12. Schaumburger Unternehmertag

Referiert beim Unternehmertag: Management-Experte Hermann Scherer.

Stadthagen (r). "Verdammtes Mittelmaß – Differenzieren oder Verlieren! Raus aus diesem Mittelmaß und rein in die Pole-Position in den Märkten von morgen!" Die dafür erforderlichen Spielregeln als Grundlage für die Steigerung des unternehmerischen Erfolgs liefert Hermann Scherer, Top-Management-Experte, erfolgreicher Unternehmensberater und 20-facher Buchautor, beim 12. Schaumburger Unternehmertag am Freitag, 9. März, im „Ratskeller" in Stadthagen.

Scherer war internationaler Unternehmensberater und Trainerausbilder der weltgrößten Trainingsorganisation. Im Jahr 2000 positionierte er „Unternehmen Erfolg" mit dem Konzept „Von den Besten profitieren" und wurde schnell zum Marktführer. Die Beratung von Branchenführern hat Scherer den Ruf des konsequent praxisorientierten Businessexperten eingebracht. 2001 veranstaltete er das „Zukunftsforum" mit dem 42. Präsidenten der USA, Bill Clin- und das neue Erbschaftsteuerrecht. Möglichkeiten und Verhaltensmaßnahmen zur Abwendung höherer Steuerzahlungen und positive Nutzung der neuen Gesetzgebung stehen dabei im Vordergrund. Egal ob Abgeltungssteuer für Zinseinnahmen und Spekulationsgewinne, Übertragung von Unternehmen

---

Schaumburger Nachrichten · Februar 2007

❞❞ Verdammtes Mittelmaß – Differenzieren oder Verlieren! Raus aus diesem Mittelmaß und rein in die Pole-Position in den Märkten von morgen! ❞❞

Stuttgarter Zeitung Nr. 114

Auffallen, um nicht wegzufallen
Die StZ-Reihe Denkanstöße

Wir leben in einer „Zuvielisation", in der es schwierig ist, den Überblick zu behalten. Nur Firmen, die den Mut zu einer klaren Strategie haben, stehen auf der „Poleposition". Das sagte gestern Abend der Marketingexperte Hermann Scherer in der StZ-Reihe Denkanstöße.

Von Mathias Bury

Liest man den umfangreichen Werdegang von Hermann Scherer, möchte man nicht glauben, dass der Mann erst 41 ist. Der Betriebswirt hat mehrere Firmen aufgebaut, unter anderem im Lebensmittelbereich, er

---

Stuttgarter Zeitung · Februar 2007

❞❞ Nur Firmen, die den Mut zu einer klaren Strategie haben, stehen auf der Poleposition. ❞❞

---

uns nachhaltig daran zu erinnern? Der effektivste Weg, um im Kundenkopf bleibend einen Platz einzunehmen, geht über das episodische Gedächtnis. Dies passiert durch überraschende, einmalige Erlebnisse oder Ereignisse. Augenblicke mit hoher emotionaler Wirkung sind sofort für immer im Kopf gespeichert. Unternehmen, die mit überraschenden Effekten die Wahrnehmung ihrer Marke erreichen, profitieren von einem bleibenden Erinnerungswert. Dabei ist zu beachten, dass wir am besten die Daten

speichern und behalten, die wir nicht nur gelesen oder gehört haben, sondern jene, die wir in aktivem Handeln durchlebt ha-

- Verständliche Sprache, emotional ansprechende Produkt- und Leistungsbeschreibungen, Hinweise auf den individuellen Produktnutzen.
- Bezeichnung innovativer Zusatzleistungen, die für Patienten den Gesamtwert der Leistung erhöhen.
- Benennen gesetzlich vorgeschriebener Garantien, rechtlich gesicherter Bezeichnungen und Verfahren.
- Beilage positiver Patienten- und/oder Pressestimmen.
- Persönliche Schlussformulierung.
- Möglichkeit zur sofortigen Zustimmung.

Abschied vom Mittelmaß

Mittelmäßigkeit behindert den Erfolg. Mittelmäßigkeit kann man nur dann durchbrechen, wenn man

– *fehlenden Pragmatismus kuriert,*
– *Branchengesetze hinterfragt,*
– *voranmarschiert statt kopiert,*
– *auch mal Regeln bricht und die Logik des Marktes ignoriert,*
– *nicht nur Autobahnen, sondern auch Trampelpfade nutzt,*

---

de facto TRENDS · Februar 2007

❞❞ Wie können Praxisinhaber ihren unternehmerischen – und damit auch persönlichen – Erfolg verstärken? ❞❞

Ein Plädoyer für Fantasie und Kundenorientierung
Hermann Scherer beim 6. Steinheimer Wirtschaftstag

Steinheim – Zum 6. Steinheimer Wirtschaftstag hat der Vorsitzende des Bundes der Selbstständigen (BdS) Martin Daunquart mit Hermann Scherer einen Referenten gewonnen, der den Teilnehmern im Weingut Roth auf dem Forsthof einen kurzweiligen und erkenntnisreichen Abend bereitete.

VON ARNIM BAUER

Hermann Scherer.   Bild: privat

Scherer ist ein Profi, was Wirtschaftsvorträge anbelangt. In großen Unternehmen und an Hochschulen oder in Management-Seminaren tritt der Redner auf und referiert eloquent über seine Themen Marketing, Motivation oder

---

Ludwigsburger Kreiszeitung · November 2006

❞❞ Ein Plädoyer für Fantasie und Kundenorientierung. Scherer ist ein Profi, was Wirtschaftsvorträge anbelangt. ❞❞

PRESSE-
BERICHTE

Kontakte schaden nur dem, der sie nicht hat

Vier neue Bücher vermitteln die Grundbegriffe und Methoden des Networkings – für Anfänger und Fortgeschrittene

VON CHRISTIAN MASCHECK

Salah ben Gharly hatte einen Traum: einmal mit Marlon Brando telefonieren. Doch wie sollte er den erfüllen? Der einzige Bezug des Berliner Falafel-Verkäufers zur Glitzerwelt Hollywoods war sein Verwandter Asaad al-Hashimi, der in Los Angeles lebte. Der wiederum traf sich zum Mittagessen oft mit einem Freund, dessen Freundin mit der Tochter von Patrick Palmer auf dem College gewesen ist. Palmer ist Filmproduzent, unter anderem von „Don Juan", in dem Marlon Brando eine Hauptrolle spielte.

Auch wenn Brando letztlich nicht mit Gharly telefonieren mochte: Das Beispiel bestätigt die so genannte Small-World-These sonem Buch „Wie man Bill Clinton nach Deutschland holt" aus dem Schwärmen über die Möglichkeiten des gezielten Kontakteknüpfens gar nicht mehr herauskommt.

Auch wenn jeder über sechs Stufen jeden kennt, werden aus Stubenhockern keine brillante Networker. Dazu braucht es „Networking Spirit", schreibt Scherer: „Das Interessante am Networking ist, dass wir es ohnehin alle tun – die Frage ist nur, wie intensiv und wie strategisch wir dabei vorgehen." Viele Menschen wissen gar nicht, wen sie eigentlich alles kennen. Und trotzdem smalltalken sie oft genug und haben so tausenderlei Kontakte.

Scherer selbst liefert dafür den Beweis. Dem Coach ist es gelungen, über sechs (na gut: sieben) Kon-

„Interessant
am Networking
ist, dass wir
es ohnehin
alle tun"

Hermann Scherer

Geschichte als Nonplusultra eines gelungenen Networking-Projekts durch sein Buch laufen. Das ist mit so viel Witz, Charme und säckeweise guten und pointierten Beispielen gespickt, dass beim Lesen fast vergessen wird, wie aufwändig es ist, Prominente ans Rednerpult zu holen.

Wie viel Aufwand darin steckt, macht Andreas Lutz in seinem „Praxisbuch Networking" deutlich. Darin beleuchtet er die gängigen Networking-Instrumente plausibel Schritt für Schritt mit allen Vor- und Nachteilen. Methodenschau sozusagen, von der Internetplattform OpenBC bis zum „Lunchclub Deutschland". Die Idee dahinter: Meist nicht mehr als zehn Selbstständige, Unternehmer und Freiberufler, die sonst alleine Mittagspause machen, treffen sich mit Gleichgesinnten zum Lunch – neue Kontakte inklusive.

und emotionale Fähigkeiten verfügen, die Männern abgehe. Leider seien sie auch erheblich anfälliger für Neid, Mobbing und Missgunst untereinander. Deswegen verwendet der Ruck viel Raum darauf, das Ego ihrer Leserinnen zu pushen.

Ergänzend lässt sich „Networking – live" lesen: Es zeigt anhand typischer Gesprächs- und Kontaktsituationen, welche Fehler üblicherweise gemacht und wie sie vermieden werden. Auf der Audio-CD dazu werden Beispieldialoge von Schauspielern gesprochen und von einer Expertin kommentiert. Schon die CD bietet viele Tipps für den gelungenen Gesprächseinstieg. Wie wäre es mit: Wie holt man eigentlich Bill Clinton nach Deutschland?

Wie man Bill Clinton nach Deutschland holt Hermann Scherer | Campus 2006 | 216 S. | 24,90 € | ISBN 3593377667

Praxisbuch Networking Andreas Lutz |

Financial Times Deutschland · November 2006

❞ Interessant am Networking ist, dass wir es ohnehin alle tun.
Vier neue Bücher vermitteln die Grundbegriffe und Methoden des Networkings – für Anfänger und Fortgeschrittene. ❞

Karriere-Bestseller

1 **The Happiness Hypothesis.** Moderne Wahrheiten in alten Weisheiten wiederfinden (in Englisch). Jonathan Haidt. Verlag: Basic Books. 288 Seiten. 13,95 Euro.

2 **Wie man Bill Clinton nach Deutschland holt.** Effektives Networking für Fortgeschrittene. Hermann Scherer. Verlag: Campus. 216 Seiten. 24,90 Euro.

3 **Never Eat Alone.** Und andere Geheimnisse des Erfolgs: Zu jedem Zeitpunkt die richtige Beziehung (in Englisch).

Capital · Juni 2006

❞ Karriere-Bestseller:
Wie man Bill Clinton nach Deutschland holt.
Effektives Networking für Fortgeschrittene ❞

Zwischen billig und Topqualität: „Tödliche Mitte"

Donaukurier · Mai 2006

❞ Wie man ›von den Besten profitiert‹, wollten Geschäftsleute beim Wirtschaftsabend in Ingolstadt von Erfolgsautor Hermann Scherer wissen. ❞

PRESSE-
BERICHTE

Focus · Juli 2006

❞❞ Allein? Gegen alle? Keine Chance! Die Zugehörigkeit zu einem Netzwerk entscheidet über Ihre Zukunft. Wie die Machtzirkel funktionieren... ❞❞

PRESSE-BERICHTE

»Wie komme ich in den Kopf des Kunden?«

Druckforum-Abschlussveranstaltung: Michael Hüffner, geschäftsführendes Vorstandsmitglied des Verbandes Druck und Medien in Baden-Württemberg e.V. (VDM), beendete das 28. Druckforum, an dem rd. 4500 Besucher teilnahmen.

Hermann Scherer: »Es ist erwiesen, dass eine effektive Beschwerdebearbeitung die Kundenbindung dauerhaft erhöht, während die nicht effektive Bearbeitung zu einer dauerhaft reduzierten Kundenbindung führt.«

Druckspiegel · April 2006

❝❝ Es ist erwiesen, dass eine effektive Beschwerdebearbeitung die Kundenbindung dauerhaft erhöht. ❞❞

Vom „inneren Schweinehund"

Motivationstrainer Hermann Scherer bei Kundenveranstaltung der **Volksbank**

Schwarzwälder Bote · Dezember 2005

❝❝ Hermann Scherer referierte über den Umgang mit dem ›inneren Schweinehund‹, der immer wieder das persönliche und berufliche Fortkommen verhindere. ❞❞

Business-Dinner mit Hermann Scherer

Rotary Club nimmt 4000 Euro für guten Zweck ein

Forum · Dezember 2005

❝❝ Über 200 Gäste wollten die ›Spielregeln für die Pole Position in den Märkten von Morgen‹ hören. ❞❞

WIRTSCHAFT / 400 Zuhörer bei Hermann Scherer

Kampf dem Schweinehund

„Kleine Saboteure" verhindern Problemlösungen

Südwestpresse · Oktober 2005

❝❝ In seinem Vortrag lieferte der Managementtrainer Anregungen zur Zähmung der kleinen Saboteure im Alltag. ❞❞

PRESSE-
BERICHTE

Hermann Scherer (links) war erster Referent der Vortragsserie „Impulse". Das Interesse war so groß, dass der gefragte Berater – hier mit dem Chef von BMW im Saarland, Erwin Mayer – gleich zwei Mal in Saarbrücken auftrat.

Waren mit Pfiff verkaufen sich leichter

Kunden reagieren auf emotionale Ansprache – Hermann Scherer eröffnet „Impulse"

VON SZ-REDAKTEUR LOTHAR WARSCHEID

Waren und Dienstleistungen verkaufen sich besser, wenn sie sich vom Durchschnittsangebot abheben. Der Berater Hermann Scherer hatte viele Tipps parat, wie sich Kunden leichter ansprechen lassen.

[...] weis, dass man gerne bereit sei, zu dem Anlass gemäßen Blumenstrauß zusammenzustellen. „Der Erfolg war riesig", erinnert sich Scherer.

Der Berater referierte an zwei Abenden im Rahmen einer neuen Vortragsreihe in Saarbrücken. Sie trägt den Titel „Impulse 2006" – von den Besten profitieren". Innerhalb dieser Reihe [...] der und Abonnenten der *Saarbrücker Zeitung* erhalten die neun Tickets zum Vorzugspreis von 351 Euro. Ort der Veranstaltung ist immer die Saarbrücker BMW-Niederlassung.

Der Referent wies auf ein weiteres Erfolgsmodell hin, mit dem ein simples Alltagsprodukt – gekoppelt mit einer pfiffigen Idee – vermarktet wird.

Saarbrücker Zeitung · Oktober 2005

❞❞ Waren und Dienstleistungen verkaufen sich besser, wenn sie sich vom Durchschnittsangebot abheben. ❞❞

Die Träume leben – am besten sofort

Wirtschaftstrainer Scherer rät Unternehmern, an ihren Firmen zu arbeiten

Von Alexander Fischer

Freising ■ Hermann Scherer ist ein international tätiger Wirtschaftstrainer. Er zählt zu den Besten seines Faches. Seine Seminare sind gefragt – bei Marktführern und solchen, die es werden wollen. Der Gewerbeverband Freising könnte sich einen solch hochkarätigen Referenten niemals leisten. Daran ließ die Vorsitzende Andrea Beck-Baumann bei einer Versammlung im Hofbrauhaus-Keller keinen Zweifel aufkommen.

Wie gut, dass Scherer aus Freising stammt und deshalb für den Ortsverband wohl eine Ausnahme gemacht hat. Denn, die Teilnehmer an dem Scherer-Vortrag „Verdammtes Mittelmaß! Mutiges Management für die Märkte von morgen" applaudierten vor Begeisterung.

Die Botschaften, welche der Wirtschaftsreferent verkündete, gefielen den Anwesenden durch die Bank. Und das obwohl Scherer den Firmen- und Ladenbesitzern keineswegs nach dem Mund redete. Im Gegenteil, sie mussten ihren „inneren Schweinehund überwinden", sie dürften nicht länger „in ihrem Unternehmen, sondern an ihrem Unternehmen arbeiten" und sie sollten versuchen, „ihre Träume zu leben, statt sich mit Alltagsproblemen herumzu- [...] rer. Er war bereits einen Schritt weiter und appellierte an die Anwesenden, sie sollten unbedingt nach „neuen Problemlösungen suchen", sich „vernetzen", mit anderen zusammen tun und ihre Produkte wenn möglich mit einem zusätzlichen Nutzen verbinden. In einer Welt, in welcher keiner mehr nachvollziehen könne, warum was wie viel kostet, suche der Kunde nach anderen Kriterien und Qualitätsmerkmalen. Es könne „sehr spannend" sein, sich einmal Gedanken darüber zu machen. Möglich sei im Grunde alles. Ein Ruck schien durch die Reihen zu gehen, Scherer untermauerte seine Theorie, indem er Manager-Guru Jack Welch zitierte. Der hatte erklärt, der Kunde vergleiche natürlich „sehr wissenschaftlich" gehe er dabei jedoch nicht vor. Wenn dem schon so sei, was spreche dann dagegen, sein Produkt einfach zu verteuern. Das hat nach Darstellung von Scherer schon so manchen Umsatz in die Höhe getrieben. Das wiederum passte zu einer seiner anderen Einschätzungen: „Die Mitte ist tot", hatte Scherer in einem anderen Zusammenhang behauptet. Satte Gewinne seien nur noch in Bereichen zu machen, in denen die Leute entweder viel oder wenig Geld hätten. Jeder müsse selber wissen, wofür er sich entscheide.

Süddeutsche Zeitung · November 2004

❞❞ Hermann Scherer zählt zu den Besten seines Faches. Seine Seminare sind gefragt – bei Marktführern und solchen, die es werden wollen. ❞❞

„Anders sein als die Anderen"

Referent Hermann Scherer motiviert Gewerbeverbands-Mitglieder

Freising (ka) – Mit viel Esprit, Eloquenz und Charme wies Wirtschaftsreferent Hermann Scherer vor kurzem rund 75 Zuhörern beim Gewerbeverband Freising den Weg aus dem „verdammten Mittelmaß" zu „mutigem Management für die Märkte von morgen" – so jedenfalls lautete Scherers Referats-Thema. Zu lernen gab es selbst für die Ausgefuchstesten der Freisinger Unternehmer noch einiges.

Als greifbares Beispiel für dung in Deutschland explizit darauf hinzuweisen pflegte, dass man die „Unterkühltheit" des deutschen Servicepersonals nicht persönlich nehmen dürfe. Die entscheidende Frage für Unternehmer, die auch in Zukunft die „Wirtschafts-Nase" ganz vorn haben wollen, bestehe laut Scherer in erster Linie darin, bestehende Defizite zu bekämpfen: „Suchen Sie das Problem", forderte er die Freisinger Unternehmerschaft eindringlich auf, „Haltung" auf – das starre Dasitzen mit verschränkten Armen und wahlweisem Blick an die Decke oder auf den Boden.

Mitreißend und voller Elan verdeutlichte Scherer seinen Zuhörern als „Energieschub", wie die die Brauerei Krombacher es schaffte, zum Marktführer im Verkauf von deutschem Pils zu werden: „Allein aufgrund des Werbeslogans, der anpreist, es sei aus „echtem Fels-Quellwasser gebraut" – dies treffe auf ten wusste schon, warum es die Champagner-Marke „Pommery" einst auf die Nummer eins der Verkaufsliste in Deutschland schaffte? Nicht etwa wegen der Qualität des Getränkes, sondern allein, weil man sich hierzulande mit der Aussprache der vielen französischen Champagner nicht blamieren wollte: den Markennamen „Pommery" konnte jeder fehlerfrei aussprechen.

Diese beiden Anekdoten waren wenige einer ganzen

Freisinger Tagblatt · November 2004

❞❞ Mit viel Esprit, Eloquenz und Charme wies Wirtschaftsreferent Hermann Scherer rund 75 Zuhörer beim Gewerbeverband Freising den Weg aus dem ›verdammten Mittelmaß‹ zu ›mutigem Management für die Märkte von morgen‹. ❞❞

PRESSE-BERICHTE

Offenburger Tagblatt · Mai 2004

❞❞ Nicht nur durchschnittlich sein! Motivatonstrainer Hermann Scherer verriet seine Erfolgsrezepte für den Mittelstand. ❞❞

Handelsrundschau · Dezember 2003

❞❞ Jeder weiß: Kreative und motivierte Mitarbeiter sind gerade im Handel der Schlüssel zum Erfolg. ❞❞

Augsburg Journal · Januar 2002

❞❞ Begeisterte Gäste beim Clinton-Auftritt in der Schwabenhalle. ❞❞

PRESSE-
BERICHTE

Scherers Traum
Freisinger organisierte „Augsburg"

Freisinger Tagblatt · Dezember 2001

❝ ❝ Für Hermann Scherer ging am Sonntag ein Traum in Erfüllung. Dem Freisinger war es gelungen, den Ex-Präsidenten der USA nach Augsburg zu holen. ❞ ❞

Clintons Gastgeber
Von den Besten lernen

Bild · Dezember 2001

❝ ❝ Von den Besten lernen. Clinton Gastgeber und Manager-Trainer Hermann Scherer ❞ ❞

Einer der auszog, um den (Ex)-Präsidenten zu holen
Clinton zu Gast in Scherers Zukunfts-Forum

„Sport fördert das Zusammenleben der Menschen", so Wladimir Klitschko (rechts), der sich zusammen mit Bruder Vitali und Hermann Scherer (links) der Presse zum Interview stellte.

Forum · Dezember 2001

❝ ❝ Sport fördert das Zusammenleben der Menschen, so Wladimir Klitschko, der sich mit Bruder Vitali und Hermann Scherer der Presse zum Interview stellte. ❞ ❞

Zu einem Motivationsabend mit Hermann Scherer lud die Volksbank Tauber ein

Die Bratpfanne im Geschenkpapier

Main-Tauber-Kreis · Mai 2001

❝ ❝ Für Erfolg gibt es verschiedene Definitionen und für jeden bedeutet es etwas anderes. Für Hermann Scherer bedeutet ›Erfolg‹ das, was ›erfolgt‹. ❞ ❞

Lichterfinder wird, wer die Nacht fürchtet.
Hermann Scherer

HERMANN SCHERER
IST PARTNER VON

Partner von

Miles & More ist das Vielfliegerprogramm der Lufthansa, dem die Fluglinien Adria Airways, AegeanAirlines, Air Canada, Air China, Air New Zealand, All Nippon Airways, Asiana Airlines, Austrian Airlines, Blue1, Brussels Airlines, Croatia Airlines, EgyptAir, Ethiopian Airlines, LOT, Lufthansa, SAS Scandinavian Airlines, Singapore Airlines, South African Airways, Swiss, TAM Linhas Aéreas, TAP Portugal, Thai Airways International, Turkish Airlines und United Airlines angehören.

Das Miles-&-More-Programm hat 20 Millionen Teilnehmer, darunter 6 Millionen in Deutschland und 1 Million in der Schweiz.

CLUB OF ROME
BUILDING A GLOBAL SOCIETY IN THE 21ST CENTURY

Der Club of Rome ist eine nichtkommerzielle Organisation, die einen globalen Gedankenaustausch zu verschiedenen internationalen politischen Fragen betreibt. Mit dem 1972 veröffentlichten Bericht „Die Grenzen des Wachstums" erlangte er große weltweite Beachtung.

Das gemeinsame Ziel aller Clubmitglieder wird wie folgt formuliert: „Unser Ziel ist die gemeinsame Sorge und Verantwortung um bzw. für die Zukunft der Menschheit!" Außerdem nennt der Club of Rome als Ziel „building a global society in the 21st century" und „Global Governance". Um seine Ziele in der Formung der „Global Society" zu erreichen, setzt der Club of Rome auf die Bildung der jungen Generation. So werden in vielen Ländern Ganztagsschulen gegründet, welche mit möglichst vielen außerschulischen Lernorten – Betrieben, Vereinen, Universitäten – im In- und Ausland vernetzt sind.

Die neuen Schulen sollen sich mit ihrem jeweiligen Schulprofil in das Konzept der Club-of-Rome-Schulen hineinentwickeln. Dabei werden sie von einem erfahrenen Schulcoach des Club of Rome beraten und begleitet. Für einzelne Fächer werden Spezialisten hinzugezogen. Nach einer Umwandlung erhalten diese Schulen das Qualitätssiegel „Club of Rome-Schule".